Erich Purk (H

licht werden

Erich Purk (Hrsg.)

l*ich*t werden

Der spirituelle Fastenbegleiter

Verlag Katholisches Bibelwerk

Sollte es trotz gewissenhafter Bemühungen in einzelnen Fällen nicht gelungen sein, die Rechtsinhaber verwendeter Texte zu finden, bitten wir diese, sich gegebenenfalls mit dem Verlag Katholisches Bibelwerk in Verbindung zu setzen.

www.bibelwerk.de

ISBN 3-460-27118-3

Umschlag: Finken & Bumiller, Stuttgart
Titelbild: Sunbeams through forest trees, morning. Zefa, Düsseldorf
Satz und Repro: Rund ums Buch – Rudi Kern, Kirchheim/Teck
Druck: Ludwig Auer GmbH, Donauwörth

Inhalt

Vorwort

Hymnus

Du Licht des Himmels, großer Gott,
der ausgespannt das Sternenzelt
und der es hält mit starker Hand,
du sendest Licht in unsre Welt.

Die Morgenröte zieht herauf
und überstrahlt das Sternenheer,
der graue Nebel löst sich auf,
Tau netzt die Erde segensschwer.

Das Reich der Schatten weicht zurück,
das Tageslicht nimmt seinen Lauf;
und strahlend, gleich dem Morgenstern,
weckt Christus uns vom Schlafe auf.

Du, Christus, bist der helle Tag,
das Licht, dem unser Licht entspringt,
Gott, der mit seiner Allmacht Kraft
die tote Welt zum Leben bringt.

Erlöser, der ins Licht uns führt
und aller Finsternis entreißt,
dich preisen wir im Morgenlied
mit Gott, dem Vater, und dem Geist.
Amen.

Nach: Deus, qui caeli lumen es; 5.-6. Jahrhundert.

Licht, das die Finsternis vertreibt, ist das zentrale Thema der christlichen Hymnen und Orationen. „Du, Christus, bist der helle Tag, das Licht, dem unser Licht entspringt ... Erlöser, der ins Licht uns führt und aller Finsternis entreißt."

Dies Buch möchte Sie wieder durch die 40 Tage der Fastenzeit begleiten. Das urchristliche Thema entfaltet es neu: vom Licht, das die Schatten vertreibt, vom Feuer des Geistes, das die Liebe

neu entfacht. „Mache dich auf und werde Licht“, das ist die Einladung der ersten Fastenwoche. In der zweiten zeigt Peter Wittkampf, dass Feuer das Zeichen der Gegenwart Gottes ist. Das Feuer der Liebe kann unsere Lähmung überwinden; denn nur Brennende können leuchten. Den „Weg der Reinigung“ beschreitet Thomas Meurer in der dritten Fastenwoche, denn die Mystik lehrt uns: Gott kann man nur mit reinem Herzen schauen.
Thomas Dienberg nimmt uns in der vierten und fünften Woche auf den „Weg der Erleuchtung“ mit. Die Zeugnisse von Mystikerinnen und Mystikern können auch uns vom Schatten ins Licht führen. Und schließlich begleiten uns in der Karwoche Texte aus dem Exsultet, dem Lichthymnus der Osternacht. „Vermähle das Licht mit den Lichtern des Himmels. Die Nacht wird hell wie der Tag.“

Wir wünschen allen Lesern, die dieses Buch als Weggeleit durch die Fastenzeit wählen, dass der Titel des Buches zu ihrer eigenen Erfahrung wird: Licht werden – Ich werden.

Pater Erich Purk

Der Weg ins Licht

Aschermittwoch bis 1. Fastensonntag

1. Tag

Durch Feuer und Asche zu neuem Leben

Wort der Schrift Wenn jemand in Christus ist, dann ist er eine neue Schöpfung: Das Alte ist vergangen, Neues ist geworden. Als Mitarbeiter Gottes ermahnen wir euch, dass ihr seine Gnade nicht vergebens empfangt. Denn es heißt: Zur Zeit der Gnade erhöre ich dich, am Tag der Rettung helfe ich dir. Jetzt ist sie da, die Zeit der Gnade; jetzt ist er da, der Tag der Rettung.
(2 Kor 6,1-2, aus der Lesung zum Aschermittwoch.)

Wort in den Tag „Vanitas vanitatum. Die Herrlichkeit der Erden muss Rauch und Asche werden", beginnt Andreas Gryphius ein Gedicht. Vanitas ist die Vergänglichkeit, die Eitelkeit. Gryphius erfährt zur Zeit des Dreißigjährigen Krieges (1618–1648) die Vergänglichkeit der Welt. „Dies, was uns kann ergötzen, was wir für ewig schätzen, wird als ein leichter Traum vergehn." Nach den tollen Tagen der Fastnacht legen die Narren die Masken ab. „Staub bist du, und zum Staub kehrst du zurück", Worte des Aschermittwochs. Nach den tollen Tagen der Fastnachtszeit könnte der Kontrast nicht größer sein. Die Ernüchterung holt uns ein. „Jetzt ist sie da, die Zeit der Gnade; jetzt ist er da, der Tag der Rettung."
Im Gottesdienst weiht der Priester die Asche. Sie ist aus den Palmzweigen des Vorjahres gewonnen. Mit Asche bezeichnet der Priester die Stirn der Gläubigen und sagt: Gedenke, dass du Staub bist. Bekehre dich und glaube an das Evangelium.
Dieser Ritus des Aschenkreuzes ist sehr alt. Asche ist das Zeichen der Vergänglichkeit, aber auch das Zeichen der Umkehr und Erneuerung. Im Bild der Asche und des Staubes ist uraltes Wissen der Menschen aller Völker und Religionen lebendig geblieben. Das Leben flieht dahin; alles ist vergänglich. Schon ein alter Römer ließ sich auf seinen Grabstein schreiben: „Wenn du fragst, wer ich bin: Nur Staub und trockene Asche."
Asche ist aber auch ein Zeichen der Reinigung. Früher hat man in die Waschlauge Kohlenasche gestreut. Asche reinigt weiße Leinentücher.

Asche ist dann auch ein Zeichen der Fruchtbarkeit. Was durch das Feuer gegangen ist, macht den Boden von neuem fruchtbar. Früher wurden die Stoppelfelder abgebrannt. Aus der Asche wird neues Leben wachsen, aus dem Staub der Erde neue Fruchtbarkeit. Die uralte Sage vom Vogel Phönix kommt uns in den Sinn: Wie der Phönix aus der Asche keimt das neue Leben aus verbrannter Erde. Der Tand und das Blendwerk dieser Welt müssen verbrannt und der Ballast abgeworfen werden, dann kann sich die Seele neu erheben.

Was ist nur Schein und Blendwerk in meinem Leben? Was müsste ich an Aschermittwoch dem Feuer übergeben? Worauf müsste ich endlich verzichten, damit Neues wachsen kann?

40 Tage habe ich Zeit, den trügerischen Schein zu entlarven und meine Lebenslügen aufzudecken. Vielleicht setzt sich der „Kosmos" gegen das „Chaos" durch. Vielleicht wird mir in meiner Verwirrung Klarheit geschenkt. Vielleicht vertreibt das Licht die Schatten meines Herzens.

Fastenzeit bedeutet für mich neuer Aufbruch und neues Leben. Nur wer den Weg der Reinigung und Verwandlung mitgeht, wird das Leben gewinnen. Rings um uns wandelt sich alles. Wir werden glücklich sein, wenn wir uns dem Gesetz der Wandlungen überlassen. Niemand bleibt wie er ist. Wer festhalten will was jetzt ist, erstarrt zum Tod. Wir müssen es wieder wagen, den Weg der Verwandlungen zu betreten. Der Aschermittwoch erinnert uns nicht nur an die Vergänglichkeit aller Dinge, sondern auch an die Verwandlung, die neues Leben zeugt. Gesegnet wird heute die Asche.

Wenn ich die Angst vor Veränderungen und Verwandlungen ablege, kann die Fastenzeit eine Gnadenzeit werden. Ein baltischer Hausspruch sagt: „Wechselnde Pfade, Schatten und Licht, alles ist Gnade, fürchte dich nicht!"

Impuls Machen wir die 40 Tage der Fastenzeit zur Entdeckungsreise, um die Lichtspuren in unseren Schattengeschichten neu zu sehen.

Lichtspuren

„Warum das Dunkle und Schwere?"
fragte ich den Engel an meiner Seite.
Doch er antwortete nicht.

„Wozu die Lasten und Schatten?"
fragte ich ihn später – ein wenig weiser geworden.
Auch dazu schwieg er.

Mitten aus dem Schweigen jedoch
zeigte er auf die Lichtspuren meiner Wegkarte.
Und er lächelte mir zu.

M. Baldus Cohen-Or

2. Tag
Emanzipation von der Dunkelheit

Wort der Schrift Im Anfang war das Wort, und das Wort war bei Gott, und das Wort war Gott. Im Anfang war es bei Gott. Alles ist durch das Wort geworden, und ohne das Wort wurde nichts, was geworden ist. In ihm war das Leben und das Leben war das Licht der Menschen. Und das Licht leuchtet in der Finsternis, und die Finsternis hat es nicht erfasst. Das wahre Licht, das jeden Menschen erleuchtet, kam in die Welt. Er war in der Welt, und die Welt ist durch ihn geworden, aber die Welt erkannte ihn nicht. Er kam in sein Eigentum, aber die Seinen nahmen ihn nicht auf. Allen aber, die ihn aufnahmen, gab er Macht, Kinder Gottes zu werden, allen, die an seinen Namen glauben. (Joh 1,1-12)

Wort in den Tag Licht ist das Symbol des Lebens. Lumen und Lux, Licht, Lampe, Leuchter und Laterne – ist es ein Zufall, dass alle Worte mit „L" beginnen wie Leben und Liebe? Licht wird zum Zeichen für Leben. Entzünden und Verlöschen einer Lampe bedeutete in der Antike Geburt und Tod.
Ohne Licht ist unser Leben nicht denkbar. Zu Beginn der Schöpfung, am ersten Tag, sprach Gott: „Es werde Licht!" (Gen 1,3) Der Mensch ist abhängig vom Licht des Tages und der Wärme des Feuers. Die „Erfindung des Feuermachens" muss revolutionär gewesen sein. Es bedeutete für den Menschen, sich wärmen, schützen, kochen, Ton brennen und Metall schmelzen. Mit dem Feuer konnte er auch in kälteren Breitengraden den Winter überleben. Zugleich bedeutete es die Emanzipation von der Dunkelheit. Mit dem Licht konnte er den Tag verlängern und die Arbeitszeit ausdehnen. Mit dem Licht konnte der Mensch sogar den bedrohenden Mächten der Finsternis zu Leibe rücken, denn dem unsichtbaren Feind, der sich in der Dunkelheit anschlich, konnte er jetzt Widerstand leisten und ihn bekämpfen.
Licht ist ein Zeichen für das Leben. Das versteht jeder. Darum kann Johannes sein Evangelium beginnen: „Das wahre Licht, das jeden Menschen erleuchtet, kam in die Welt ... Das Licht

leuchtet in der Finsternis, und die Finsternis hat es nicht erfasst. Allen aber, die ihn aufnahmen, gab er Macht, Kinder Gottes zu werden" (Jo 1,5-12).
In der schwärzesten Nacht kommt Gott in die Welt. Inkarnation ist das Einlassen Gottes auf unsere Finsternis. Er schaut nicht kurz bei Tageslicht herein, er sucht uns in der dunkelsten Nacht auf. Wäre er einer von uns, wenn er in Christus diesen Tiefpunkt gescheut hätte? „Das Licht leuchtet in der Finsternis." Unsere Nacht wird kürzer. Unsere Finsternis hell. Jesus Christus ist das Licht, das die Finsternis meines Herzens erleuchten will. Wir sind Kinder des Lichtes, nicht der Nacht. Es ist gut, sich am Anfang der Fastenzeit diese Zusage zu merken. Wir sind Kinder des Lichtes, nicht, um alle Tage im Sonnenschein zu wandeln. Aber im Wechsel von Schatten und Licht, von Tag und Nacht, von Gut und Böse, tragen wir eine Vision der Lichtes in uns, die stärker ist als die Mächte der Finsternis. Ein Drogenabhängiger sagte: „Da ist ein kleines, fernes Licht, das mir näher kommt und dem ich mich nähere. Das ist es, was mich überleben lässt." Entdecken wir die kleinen Lichter, die wie Sterne am Horizont unserer Nächte sind.

Impuls Es gibt Worte, die möchte ich singen. Ob ich heute Noten finde, um folgende Verse zum Klingen zu bringen?

Wir sind Kinder des Lichtes, nicht der Nacht.
Alles ist gut zwischen dir und mir.
Alle Finsternis ist von mir gewichen.
Du gehst auf in meinem Herzen
wie der Morgenstern, der die Schatten der Nacht vertreibt.
Verwundet war mein Herz vor Sehnsucht nach dir.
Du hieltest Ausschau nach mir an der offenen Tür
deines Hauses.
Du hast mich zurückgeholt in deine bergenden Arme.
Wir sind Kinder des Lichtes, nicht der Nacht.

3. Tag

Die Mitte der Nacht ist der Anfang des Tages

Wort der Schrift Durch die barmherzige Liebe unseres Gottes wird uns besuchen das aufstrahlende Licht aus der Höhe, um allen zu leuchten, die in Finsternis sitzen und im Schatten des Todes, und unsre Schritte zu lenken auf den Weg des Friedens. (Lk 1, 78-79)

Wort in den Tag „Die Mitte der Nacht ist der Anfang des Tages, die Mitte der Not ist der Anfang des Lichtes", sagt ein altes Sprichwort. Es muss dunkel werden, um die Sterne zu erkennen. Liegt in der Dunkelheit die Geburtsstunde des Lichtes?
Jedenfalls verspricht uns das scheidende Licht am Abend, dass es wieder einen Morgen geben wird. Seit Menschengedenken kehrt das Licht am Morgen zurück. Ist dieses Wissen wichtig um die Dunkelheit furchtlos zu bestehen? Die Dämmerung wird die Nacht vertreiben und ganz sicher den neuen Tag gebären.
Vielleicht nistet auch heute das größere Licht im Dunkel der Welt. Diese Welt voller Terror und Verrat, voller Gewalt und Unterdrückung zeigt den verzweifelten Einsatz von Menschen, die für den Verletzten alles riskieren. Die Wunden der Zerschlagenen verbinden sie. Die Verängstigten bergen sie in ihren Armen. Den Schuldigen begegnen sie mit Worten der Versöhnung und Liebe. Wo Schatten ist, ist auch Licht. Die finstersten Nächte lassen die Sterne besonders hell leuchten.
Es gibt Leute, die sehen nur schwarz. Sie übersehen, dass die Nacht einen neuen Morgen hervorbringen wird. Mag sogar sein, wenn meine Tage sich verdunkeln, dass dann ein größeres Licht meine Nächte durchbricht im Dämmern des Morgens. Mag sogar sein, dass einer sich mit der Dunkelheit in seinem Leben versöhnt, weil sie den Morgen geboren hat.
Jedenfalls behaupten viele, dass sie im Rückblick auf die dunklen Zeiten ihres Lebens nicht verzichten möchten. Da sind sie innerlich gewachsen und gereift an der Not. Die Wunden werden Narben. Und die Narben sind wie Augen, mit denen man verständiger die Rätsel des Lebens anschaut.

Liegt in der Dunkelheit die Geburtsstunde des Lichtes? „Das Volk, das im Dunkeln sitzt, hält Ausschau nach dem strahlenden Licht aus der Höhe." Mit solchen Worten beschreiben die Propheten die Hoffnungen, die die Herzen des Volkes in der babylonischen Gefangenschaft erfüllen. Wenn Verzweiflung und Not sich wie ein Schatten über alles legten, leuchtet am Horizont der Stern der Hoffnung auf. Und das Licht ist stärker als die Nacht und verwandelt allmählich das Dunkel des Todes.

Impuls Für den Text von Karlfried Graf Dürckheim nehmen Sie sich heute bitte viel Zeit und Muße:

„Er ist der uns innewohnende Schatten, als das Ärgernis schlechthin, Schrecken des guten Bürgers, des Pharisäers, auch in uns selbst. Christus in uns – das nicht zugelassene Leben, der nicht zugelassene Weg, die nicht zugelassene Wahrheit – ist für den der Welt Verhafteten, gerade auch für den „Guten", der Kernschatten schlechthin, weil er mit der Zerstörung der wohleingespielten Ordnung droht. Im „Schatten" ist aber auch die große Verheißung als das verhinderte Licht! Der Schatten, begriffen als das verhinderte Leben, kann auch das Licht sein in der Gestalt dessen, das ihm im Wege steht. Dann kann sich, wo die Wand einstürzt, die Not am Verdrängten zur glückhaften Erfahrung des in ihm verhaltenen Lebens verwandeln. Der Schatten ist nicht nur die das Bestehende mit Zerstörung bedrohende Kraft, sondern auch die dunkle, das heißt unsere derzeitige Form bedrohende Seite des uns Erneuerung verheißenden Lichtes."

Karlfried Graf Dürckheim

4. Tag

Die Stunde ist gekommen, vom Schlaf aufzustehen

Wort der Schrift Bedenkt die gegenwärtige Zeit: Die Stunde ist gekommen, aufzustehen vom Schlaf. Denn jetzt ist das Heil uns näher als zu der Zeit, da wir gläubig wurden. Die Nacht ist vorgerückt, der Tag ist nahe. Darum lasst uns ablegen die Werke der Finsternis und anlegen die Waffen des Lichts. Lasst uns ehrenhaft leben wie am Tag, ohne maßloses Essen und Trinken, ohne Unzucht und Ausschweifung, ohne Streit und Eifersucht. Legt (als neues Gewand) den Herrn Jesus Christus an, und sorgt nicht so für euren Leib, dass die Begierden erwachen. (Röm 13,11-14)

Wort in den Tag Jede Stunde des Tages hat ihren eigenen Klang. Der Morgen aber ist die Stufe ins Licht. Am Mittag steht die Sonne im Zenit. Am Abend besiegt die Dämmerung das Licht. Der Morgen leuchtet vor allen Stunden stark und hell. Er ist Anfang. Das Geheimnis der Geburt erneuert sich an jedem Morgen. Wir kommen aus dem Schlaf, in welchem unser Leben sich verjüngt hat, und fühlen: Ich lebe! Ich bin. Das ist die heilige Stunde des Morgens. Das Leben erwacht.

Wenn die Dunkelheit weicht und die Schatten der Träume uns nicht mehr ängstigen, dann ist es „Zeit, vom Schlafe aufzustehen". Die Werke der Finsternis ablegen, die Waffen des Lichtes anlegen und ehrenhaft wandeln. Paulus hat Vorschläge für die Fastenzeit: maßvoll essen und trinken, Streit und Eifersucht meiden, Ausschweifungen und übertriebene Sorge um das eigene Ich überwinden. „Denn alles Übermaß ist von den Dämonen", sagt im vierten Jahrhundert der Wüstenmönch Abbas Poimen.

Auch der Abend hat sein Geheimnis. Der Tag geht zu Ende. Wir sind müde und suchen die Ruhe der Nacht. Und hindurch klingt das Geheimnis des letzten Endes, des Todes. Während des Tagesablaufs vernehmen wir es in der Regel nicht, denn unser Inneres ist von den Bildern des Tages erfüllt, von Wünschen und Plänen für die kommende Zeit. Manchmal ahnen wir es, dass

der Abend mit dem Tod verwandt ist. Am Abend fühlen wir leichter, manchmal bedrängend, wie das Leben sich neigt, dem großen Dunkel zu, „da niemand mehr wirken kann". Viel hängt davon ab, ob wir das Geheimnis des Todes verstehen.
Im Schlaf bin ich hilflos und ausgeliefert. Der Gläubige vertraut sich dem Schutz Gottes und seiner Engel an. Der Schlaf ist immer auch Abschied. Von Abschied zu Abschied, bis der letzte uns gelingt. Das ist die „ars moriendi – hohe Kunst des Sterbens", welche das vergangene Leben zu einem einzigen Ja für Gott macht. Jeder Abend soll eine Übung in dieser hohen Kunst sein. Abendstunde ist die Stunde des Vollendens.
Im Hohenlied der Liebe heißt es: „Ich schlafe, aber mein Herz wacht." (Hld 5,2) Die Liebe geht nicht schlafen. Wie das Herz im Schlaf weiterschlägt, so wacht die Liebe, denn der Herr kommt zu einer Stunde, da wir es nicht erwarten.
Die Liebe ist größer als der Tod. Was bleibt uns vom Leben? Die ruhmvollen Werke sind bald vergessen. Namen auf Grabsteinen verblassen. Doch die Liebe eines Menschen kann man nicht begraben. Wenn wir leben wollen über alle Gräber hinaus, dann geht es darum, auch den heutigen Tag mit Liebe zu füllen.

Impuls Ein Hymnus, den wir zu den Laudes, dem Morgenlob der Kirche, im Chor der Brüder singen, ist für mich wie ein Schlüssel, der mir das Tor zum neuen Tag aufschließt.

Du Licht des Himmels, großer Gott,
der ausgespannt das Sternenzelt
und der es hält mit starker Hand,
du sendest Licht in unsre Welt.

Die Morgenröte zieht herauf
und überstrahlt das Sternenheer,
der graue Nebel löst sich auf,
Tau netzt die Erde segensschwer.

Das Reich der Schatten weicht zurück,
das Tageslicht nimmt seinen Lauf
und strahlend, gleich dem Morgenstern,
weckt Christus uns vom Schlafe auf.

Du, Christus, bist der helle Tag,
das Licht, dem unser Licht entspringt,
Gott, der mit seiner Allmacht Kraft
die tote Welt zum Leben bringt.

Erlöser, der ins Licht uns führt
und aller Finsternis entreißt,
dich preisen wir im Morgenlied
mit Gott dem Vater und dem Geist.
Amen.

Stundenbuch,
Laudes am Freitag der 1. Woche

Mache dich auf und werde Licht

1. Fastenwoche

5. Tag

Was lebt, strebt dem Lichte zu

Wort der Schrift Die Himmel rühmen die Herrlichkeit Gottes, vom Werk seiner Hände kündet das Firmament. Ein Tag sagt es dem andern, eine Nacht tut es der andern kund, ohne Worte und ohne Reden, unhörbar bleibt ihre Stimme.
Doch ihre Botschaft geht in die ganze Welt hinaus, ihre Kunde bis zu den Enden der Erde. Dort hat er der Sonne ein Zelt gebaut. Sie tritt aus ihrem Gemach hervor wie ein Bräutigam; sie frohlockt wie ein Held und läuft ihre Bahn. Am einen Ende des Himmels geht sie auf und läuft bis ans andere Ende; nichts kann sich vor ihrer Glut verbergen. (Psalm 19, 2-7)

Wort in den Tag Kennen Sie das Experiment mit der Pflanze im Dunkeln? Über ein junges Pflänzchen stülpte man einen Plastikeimer. Sehr bald wurden die Blätter schlaff und gelb. Dann bohrte man in den Plastikeimer seitlich ein Loch. Die Pflanze fing in aller Eile an, auf das Lichtloch hinzuwachsen. Mit völlig verkrümmtem Wuchs erreichte sie das kleine Loch, sie konnte weiterleben. Alles Leben strebt dem Licht zu. Ohne Licht ist Leben nicht möglich. Wenn Menschen auf der Schattenseite des Lebens stehen oder in den Schatten gestellt werden, verkümmern sie. Das Licht der Sonne ist die erste Voraussetzung des Lebens. Durch Licht werden auch die Schatten unserer Seele vertrieben. In Depressionen empfiehlt man heute die Lichttherapie. Der Kranke erleuchtet sein Haus mit hellem Licht und sucht die Landschaft auf, wo oft die Sonne scheint. Die Herrlichkeit der Sonne, ihre Schönheit und Kraft wurden in vielen Hymnen besungen. Sie ist ein Gleichnisbild der Größe Gottes. In der Antike wurde sie selbst als Gott verehrt. Der Psalm 19 bekennt: „Die Himmel rühmen die Herrlichkeit Gottes." Wie ein Bräutigam tritt die Sonne am Morgen aus ihrem Gemach. „Am einen Ende des Himmels geht sie auf und läuft bis ans andere Ende; nichts kann sich vor ihrer Glut verbergen."
Das Licht der Sonne ist so hell, dass unsere Augen ihre Strahlen nicht ertragen können. Wir werden blind, wenn wir sie unge-

schützt schauen wollen. Ihr Glanz ist zu hell für unsere Augen. Wenn ich das Sonnenlicht sehen will, finde ich es nur, wenn es zurückstrahlt von den Dingen. Finsternis herrscht im Weltraum, wenn kein Gegenstand einen Abglanz vom Licht widerspiegelt. So ist es auch bei der Suche nach Gott. Will ich Gott direkt schauen, finde ich nichts als Dunkelheit. Meine Augen werden geblendet. Nur ein Gleichnis entspricht unserem Erkennen. Die Schöpfung ist ein Spiegelbild seiner Herrlichkeit. Das Licht lässt die Kunstwerke des ewigen Künstlers aufleuchten. Die ganze Schöpfung ist voller Gesang. Paulus schreibt: Wir alle sehen mit unverhülltem Gesicht die Herrlichkeit des Herrn wie in einem Spiegel. Dabei werden wir selbst in sein Bild verwandelt und bekommen mehr und mehr Anteil an seiner Herrlichkeit. Das bewirkt der Herr durch seinen Geist. (2 Kor 3,18)

Impuls Warum ist das Bild Gottes oft verdunkelt und mit Angst besetzt? Warum erleuchtet das Licht seiner Herrlichkeit das Dunkel unserer Herzen so wenig? Die Erfahrung, die das Gedicht von Gudrun Reinboth beschreibt, ist vielen nicht fremd:

Licht
Warum habt ihr mir euren Gott
wie einen Mühlstein umgehängt? –
Durch tausend Höllen
bin ich gegangen,
durch Tod und Schrecken
und Gottesfinsternisse,
bis er mich ergriffen hat,
jener Leuchtende und Unbegrenzte,
vor dem David tanzte und Salomo sang,
der Jesus hervorbrachte,
und der sich finden lässt
in uns selbst, – ob unser Geist
mit Gestirnen spielt,
oder sich spiegelt
im Traumauge des Säuglings ...
Nun hör ich den Gesang aller Sonnen
und wiege mich lachend im All.

6. Tag

Die im Dunkel sitzen, schauen ein großes Licht

Wort der Schrift Das Volk, das im Dunkel lebt, sieht ein helles Licht; über denen, die im Land der Finsternis wohnen, strahlt ein Licht auf. Du erregst lauten Jubel und schenkst große Freude. (Jes 9,1-2)

Wort in den Tag Eine Gruppe Bergarbeiter ist in einem eingestürzten Stollen eingeschlossen. Sie können sich selbst nicht helfen. Sie wissen, dass oben alles unternommen wird, sie zu retten. Aber ob es gelingt, ist ungewiss. Zwei Tage in abgeschlossener Dunkelheit vergehen. Nichts tut sich. Dann am dritten Tag hören sie Klopfzeichen, das Hämmern der Rettungswerkzeuge, weit entfernt, zu weit, um baldige Rettung zu bringen. Am vierten Tag ist es dann soweit. Sie hören Stimmen, und nach kurzer Zeit ist der Durchbruch geschafft. Als das erste Loch geschlagen ist, fällt helles Licht in ihre Dunkelheit. Die Eingeschlossenen werden nach oben geholt. Vom Tageslicht geblendet, sagt einer der Befreiten: „Es war furchtbar, ganz hilflos dazusitzen. Ich habe gespürt, wie furchtbar Dunkelheit sein kann, die einen vom Leben der anderen ausschließt. Als ich das Licht sah, war ich erleichtert. Ich wusste sofort: Ich bin gerettet." Eine ähnliche Erfahrung meint wohl der Prophet Jesaja, als er die Not und Lähmung seines Volkes in der babylonischen Gefangenschaft erfährt. Doch in ihrer Gefangenschaft entdeckt er Lichtspuren der Hoffnung: „Das Volk, das im Dunkel lebt, sieht ein helles Licht." In der Zeit der Resignation schenken verlässliche Worte und visionäre Bilder neue Kraft und Zuversicht. Prophetenworte sind visionär. Sie entwerfen die Zukunft in herrlichen Bildern, die Jahwe schenkt. Die Alternative zur Resignation heißt Vision. Man kann sagen: „Die einzig wirksame Gegenkraft gegen Resignation ist die Vision."
Was aber ist eine Vision? Vision leitet sich aus dem lateinischen „videre" ab und bedeutet „sehen". Ein zukünftiger Zustand wird bereits geschaut und in unserer Vorstellung erschaffen. Visionen entwerfen Bilder, die größer sind als die planbaren Ziele, die

Menschen sich selbst basteln. Bei einer Konferenz weltweiter Konzerne fragte man: „Was braucht ein Unternehmen, um Zukunft zu haben?“ Kapital und Innovation? Die Antwort lautete: „Visionen!“

Eine Vision ist Quelle neuer Dynamik und neuer Aufbruchstimmung. „Nur wer Mut hat zu träumen, hat auch Kraft zu kämpfen“, sagte Martin Luther King, der Streiter für Freiheit und Gleichheit. Visionen im biblischen Sinn sind mehr als klug erdachte Pläne der Menschen. Sie sind auch mehr als unternehmerische Träume, beispielsweise in einem Jahr Marktführer der Branche zu sein. Visionen kommen aus der Tiefe einer geistlichen Mitte. Sie sind das Einfallstor Gottes für uns Menschen.

Das visionäre Prophetenwort hat das Volk in der babylonischen Gefangenschaft in eine neue Zukunft geführt: „Auf, werde licht, denn es kommt dein Licht, und die Herrlichkeit des Herrn geht leuchtend auf über dir. Denn siehe, Finsternis bedeckt die Erde und Dunkel die Völker, doch über dir geht leuchtend der Herr auf, seine Herrlichkeit erscheint über dir. Völker wandern zu deinem Licht und Könige zu deinem strahlenden Glanz. Blick auf und schau umher: Sie alle versammeln sich und kommen zu dir.“ (Jesaja 60,1-4)

Es beginnt mit der Aufforderung aufzustehen: Bleib nicht trostlos hocken am Boden, stehe auf, mache dich auf! Das Licht kommt nicht aus dir, sondern zu dir. Die Herrlichkeit Gottes erstrahlt über dir. Wer auf Gott vertraut, hat Zukunft. Der Herr vertreibt die Finsternis und erleuchtet das Dunkel auch unserer Herzen.

Noch heute haben diese Worte ihre visionäre Kraft. Sie sind Kontrasttexte und „Gegenbilder“ gegen die negativen Parolen, die unser Denken und Fühlen bestimmen wollen. In Krisenzeiten und turbulenten Phasen sind Visionen unentbehrlich. Sie sind wie ein Leitstern in der Dunkelheit, wie ein Kompass, der die Fahrtrichtung klärt. Ohne Visionen verkommt das Land. Wenn Robert Schuman und Konrad Adenauer nicht den Traum von einem vereinten Europa gehabt hätten, wäre die Entwicklung der letzten Jahrzehnte nicht möglich gewesen. Visionen setzen neue Kräfte frei. „Die einzig wirksame Gegenkraft gegen die Resignation ist die Vision.“

Impuls Wenn heute die Sonne scheint, nehmen Sie sich eine Viertelstunde Zeit. Halten sie ihr Gesicht in die Sonne. Ein Wort des Apostels Paulus kann uns wie ein visionäres Wort begleiten:
Gott, der sprach: Aus Finsternis soll Licht aufleuchten!, er ist in unseren Herzen aufgeleuchtet, damit wir erleuchtet werden zur Erkenntnis des göttlichen Glanzes auf dem Antlitz Christi.
(2 Kor 4,6)

7. Tag
Binde deinen Karren an einen Stern

Wort der Schrift Er hat das Siebengestirn und den Orion erschaffen; er verwandelt die Finsternis in den hellen Morgen, er verdunkelt den Tag zur Nacht, er ruft das Wasser des Meeres und gießt es aus über die Erde – Jahwe ist sein Name.

(Amos 5,8)

Wort in den Tag „Der liebe Gott muss den kleinen Mann besonders lieben, sonst hätte er nicht so viele davon erschaffen," sagte der amerikanische Präsident Lincoln. Manche fühlen sich groß und mächtig. Aber die meisten, denke ich, zählen sich eher zum „kleinen Mann". Und der kleine Mann denkt: Was kann ich schon viel verändern? Er fühlt sich ohnmächtig und unbedeutend. Aber wenn viele kleine Leute viele kleine Schritte tun, kann ganz viel sich verändern. Allein ist man hilflos, gemeinsam aber stark.

Für alle, die sich ohnmächtig fühlen und unter Minderwertigkeitskomplexen leiden, ist die Geschichte vom kleinen Baumwollfaden eine charmante Erzählung.

Es war einmal ein kleiner Baumwollfaden, der hatte Angst, dass er nicht ausreicht, so wie er war: zu schwach für ein Schiffstau, zu kurz für einen Pullover, zu schüchtern, an andere anzuknüpfen, zu farblos für eine Stickerei. Er fühlte sich als Versager und verfiel in Selbstmitleid – bis das Wachs an seine Tür klopfte und ihn aufmunterte: „Wir beide tun uns zusammen! Für eine lange Osterkerze bist du als Docht zu kurz, und ich hab dafür auch nicht genug Wachs. Aber für ein Teelicht reicht es allemal." Denn: „Es ist besser, auch nur ein kleines Licht anzuzünden, als immer nur über die Dunkelheit zu schimpfen."

Es reicht nicht, Klagelieder anzustimmen und in Selbstmitleid zu verfallen. Jeder hat seine ureigenen Möglichkeiten. Wenn er sich zusammentut mit einem anderen, macht ihn die Ergänzung stark. In unserem Konvent lebten zwei Mitbrüder, von denen einer fast blind war, der andere hatte Parkinson. Seine Hände zitterten, so dass er bei der Eucharistiefeier den Kelch nicht

mehr halten konnte. Er konnte aber lesen und gut predigen. Die beiden taten sich zusammen und feierten den Gottesdienst zusammen. Die Gemeinde staunte über die „brüderliche Zusammenarbeit“.
Der Mystiker Meister Eckhart hat gewusst, was er sagte: „Treibt die Bilder mit den Bildern aus!“ Welche Kraft die inneren Bilder haben, kann man an einem Wort von Leonardo da Vinci deutlich machen: „Binde deinen Karren an einen Stern.“ Zwischen Karren und Sternen liegen Welten. Welch ein Gegensatz: Karren holpern üblicherweise durch den Straßenstaub, wenn sie nicht sogar im Dreck stecken bleiben. Sterne erstrahlen am Firmament. Wenn wir unseren Karren an einen Stern binden wollen, müssen wir nach oben schauen, Ausschau halten nach einem richtungsweisenden Licht. Wir verlassen die bedrückende Enge, brechen auf zu neuen Ufern. Wer seinen Karren an einen Stern binden will, der muss nach den Sternen greifen, sonst lassen sich Karren und Stern nicht verbinden. Er hat eine Vision, eine Zielvorstellung, die seinen Anstrengungen Sinn gibt. Wer sein Ziel erkennt und ungeachtet einzelner Irrlichter hoffnungsvoll seinem Stern folgt, der darf trotz manchen Dunkels auf Sternstunden hoffen.

Impuls Heute lade ich Sie ein zu einer Andacht, die unsere Gedanken in weite Räume führt. Gerne habe ich in der Liturgie vier Kerzen entzündet, eine in jeder Himmelsrichtung, und den Herrn um Licht und Erleuchtung gebeten: Du, Christus, bist der helle Tag, das Licht, dem unser Licht entspringt. Erlöser, der ins Licht uns führt und aller Finsternis entreißt.

- Wir entzünden eine Kerze gen Norden, wo die Kälte wohnt. Wir stecken sie an für alle, die unter der Kälte der Herzen leiden. Das Licht der Hoffnung soll brennen, damit Menschen Geborgenheit und Wärme finden. Wir bitten darum, dass wir einander – ohne Missgunst und Hintergedanken – Raum zum Leben geben.

- Wir entzünden eine Kerze gen Süden, wo die Armut wohnt. Auf der Südhalbkugel unserer Erde herrschen Hunger und

Krieg. Wir bitten darum, dass der reiche Norden seine Güter teilt, dass nicht noch mehr Geld für Waffen ausgegeben wird, sondern dass wir Unrecht und Gewalt bekämpfen, wo immer es uns möglich ist.

- Wir entzünden eine Kerze gen Osten, wo die Sonne aufgeht. Nach jeder Nacht vertreibt das Licht des Morgens die Dunkelheit. Wir bitten darum, dass keiner in der Finsternis von Verzweiflung und Angst stecken bleibt, dass es viele Menschen gibt, die wie die aufgehende Sonne Freude und Hoffnung verbreiten.

- Eine Kerze, die noch bleibt, um sie gen Westen zu entzünden. Diese letzte Kerze soll leuchten für alle, die auf der Suche sind, die sich verirrt und verlaufen haben. Wir bitten darum, dass gerade junge Menschen die richtigen Lebensentscheidungen treffen und dass wir alle den Weg finden zum Wichtigsten auf der Welt: zu Liebe und Glück.

Du guter Gott, der du mit deiner Allmacht Kraft die tote Welt zum Leben bringst, send' uns den Morgenstern herab! Und strahlend geht das Licht uns auf.

8. Tag

Ungelebtes Leben leuchtet nicht

Wort der Schrift Niemand zündet ein Licht an und stellt es in einen versteckten Winkel oder stülpt ein Gefäß darüber, sondern man stellt es auf einen Leuchter, damit alle, die eintreten, es leuchten sehen.
Dein Auge gibt dem Körper Licht. Wenn dein Auge gesund ist, dann wird auch dein ganzer Körper hell sein. Wenn es aber krank ist, dann wird dein Körper finster sein. Achte also darauf, dass in dir nicht Finsternis statt Licht ist. Wenn dein ganzer Körper von Licht erfüllt und nichts Finsteres in ihm ist, dann wird er so hell sein, wie wenn die Lampe dich mit ihrem Schein beleuchtet. (Lk 11,33-36)

Wort in den Tag „Kleines Beispiel" überschreibt Erich Fried das folgende Gedicht[1]:

Auch ungelebtes Leben
geht zu Ende
zwar vielleicht langsamer
wie eine Batterie
in einer Taschenlampe
die keiner benutzt.

Aber das hilft nicht viel:
Wenn man
(sagen wir einmal)
diese Taschenlampe
nach soundso vielen Jahren anknipsen will
kommt kein Atemzug Licht mehr heraus
und wenn du sie aufmachst
findest du nur deine Knochen
und falls du Pech hast
auch diese
schon ganz zerfressen.

Da hättest du
genauso gut
leuchten können!

Wer sich aufbewahren will, verdirbt. Auch ungelebtes Leben geht zu Ende. Wer wirklich leben will, muss ohne Verlustängste sich selber geben. Eine Kerze zum Beispiel ist nicht Wachs zum Aufbewahren, sondern der Sinn der Kerze ist das Licht. Sie soll entzündet werden und leuchten. Nur Brennende können leuchten. Licht gibt es nur, wenn einer nicht nur auf Vorrat lebt, sondern wenn einer bereit ist, etwas von sich herzugeben. Wenn die Kerze brennt, schwindet ihr Wachs.

Die Heilige Schrift sagt es in einem Bild: „Wenn das Weizenkorn nicht in die Erde fällt und stirbt, bleibt es allein; wenn es aber stirbt, bringt es reiche Frucht." (Jo 12,24) Wenn das Korn sich weigert und nicht in die Erde will, wird es vergehen und nutzlos sein. Gekreuzigter Widerspruch: sterben, um zu leben? Ja, das ist ein Grundgesetz des Lebens. Das Samenkorn stirbt, wenn es keimt und einer neuen Pflanze das Leben ermöglicht. Ohne Hingabe und Opfer stagniert das Leben. Alles ist hineingenommen in den ewigen Kreislauf von Aussaat und Ernte. Wer nur an sich denkt, wer ängstlich festhalten will, verdirbt. Wer sich schenkt, zeugt neues Leben.

Wir haben unsere Talente erhalten, um sie zu entfalten, sie zu vermehren. Das ist der Sinn des Gleichnisses von den Talenten in der Bibel. Wer zehn Talente erhalten hat, gewinnt noch zehn dazu. Aber der nur eines erhalten hat, vergräbt es ängstlich und will es aus Furcht vor seinem strengen Herrn bewahren, und ihm wird alles genommen. (Mt 25,14-30) Wir müssen „Handel treiben" mit unseren Talenten. Die Batterie in der Taschenlampe ist dafür da, Licht zu spenden. Sonst verdirbt sie.

Wenn ich etwas Kostbares in der Hand halte und die Faust darum balle, verliert es mit der Zeit seinen Wert. Ich muss die Hand öffnen, das Kostbare anschauen, es anderen zeigen. Ich muss es zwischen „dir und mir" ins Spiel bringen. Dann behält es seine Bedeutung. Der Schatz, den wir im Tresor verschließen, mag uns ein sicheres Gefühl verleihen. Aber sogar die Wirtschaft spricht vom toten Kapital. Nur was wir geben, hat letzt-

lich Bedeutung. Was wir festhalten und reservieren, geht uns verloren. Die Bibel sagt: „Wer an seinem Leben hängt, verliert es; wer aber sein Leben in dieser Welt gering achtet, wird es bewahren bis ins ewige Leben." (Joh 12,25)
Diesen Weg ist auch Christus gegangen. „Jesus Christus war wie Gott, hielt aber nicht daran fest, Gott gleich zu sein, sondern entäußerte sich, wurde wie ein Sklave und den Menschen gleich." (Phil 2,6). Er hält nicht fest, er gibt sich hin und wird Licht für das Leben der Welt. Das ist der Weg ins Leben und in die Liebe. Denn was bleibt dir vom Leben? Nur was du gegeben in Liebe, das bleibt. Wenn du leben willst, wage zu lieben.

Impuls Nehmen Sie eine Kerze und entzünden Sie diese und gönnen Sie sich etwas Zeit zur Besinnung mit einem Gedicht von Eva Zeller[2]:

Postscriptum
Was ich noch sagen wollte – Wenn ich dir einen Tipp geben darf:
Ich meine – ich bitte dich – um alles in der Welt
und wider besseres Wissen: Halte dich nicht schadlos.
Zieh den Kürzeren – Lass dir etwas entgehen.

9. Tag

Sich totlaufen mit dem Schatten?

Wort der Schrift Ihr aber, Brüder, lebt nicht im Finstern, so dass euch der Tag nicht wie ein Dieb überraschen kann. Ihr alle seid Söhne des Lichts und Söhne des Tages. Wir gehören nicht der Nacht und nicht der Finsternis. Darum wollen wir nicht schlafen wie die anderen, sondern wach und nüchtern sein. Denn wer schläft, schläft bei Nacht, und wer sich betrinkt, betrinkt sich bei Nacht. Wir aber, die dem Tag gehören, wollen nüchtern sein und uns rüsten mit dem Panzer des Glaubens und der Liebe und mit dem Helm der Hoffnung auf das Heil.

(1 Thess 5,4-8)

Wort in den Tag In einer Erzählung aus Asien heißt es: „Es war einmal ein Mann, den ängstigte der Anblick seines eigenen Schattens so sehr, dass er beschloss, ihn hinter sich zu lassen. Er sagte zu sich: Ich laufe ihm einfach davon. So stand er auf und lief davon. Aber der Schatten folgte ihm mühelos. Er sagte zu sich: Ich muss schneller laufen. Also lief er schneller und schneller, lief so lange, bis er tot zu Boden sank."

In der Tat: Es ist oft zum Davonlaufen. Der Anblick des eigenen Schattens kann uns Angst einjagen. Es ist zum Davonlaufen: Weg von den Konflikten, weg von den zerbrochenen Beziehungen, weg von den Halbheiten und Inkonsequenzen, von Versagen und Schuld, weg, weit weg, ja nichts mehr davon hören, ja nichts mehr davon sehen. – So sind wir auf der Flucht vor unserem Schatten. Aber er sitzt uns auf den Fersen, er folgt uns mühelos.

Und dann der innere Schatten und die verdrängten Schuldgefühle, die inneren Verletzungen und Wunden. „Da muss doch endlich Gras drüber wachsen!" sagen wir. Aber der Schatten, mein dunkler Bruder, verfolgt mich. Er stört und verwirrt mich. Schatten, mein dunkler Bruder, ich kann mich ablenken und zerstreuen, aber ich werde dich nicht los. Du gehörst zu mir, du bist ein Teil von mir, mein dunkler Bruder.

Seinen Schatten zu erkennen und ihn unter der Betondecke des

Verdrängens wieder ans Licht zu holen, ist Schwerstarbeit. Und ihn zu akzeptieren und sich zu ihm bekennen ist schwerer als den „Feind zu lieben". Ich darf mir keine Blöße geben. Ich kann erst recht keine Schwächen vor anderen eingestehen. Ich bin wie ein Alkoholabhängiger, der mit allen Mitteln seine Sucht versteckt. Aber erst wenn er sich offen dazu bekennt, ist Heilung möglich.

Muss die Schatten-Geschichte immer so enden, dass man sich totläuft? Es gibt noch eine andere Möglichkeit. Die Erzählung deutet sie an, in einem Nachsatz: „Wäre der Mann in den Schatten eines Baumes getreten, so wäre er seinen eigenen Schatten losgeworden. Aber darauf kam er nicht."

Warum ist er nicht darauf gekommen? Wo ist ein Baum, der unseren Schatten aufnimmt? Hier sind wir mit unserer Geschichte am Ende. Hier beginnt eine andere Geschichte. Gott hat sich unserer Sache angenommen. Er hat in unserer Mitte einen Baum aufgerichtet, den Baum des Kreuzes. Wir können uns mit unserer Schuld unter diesen Baum stellen. Dann brauchen wir nicht mehr unserem Schatten davonzulaufen. Auch unsere dunklen Seiten dürfen wir annehmen. Wir brauchen unser Versagen nicht zu verharmlosen. Wir brauchen nichts zu verdrängen, wenn wir unter dem Kreuzesbaum Versöhnung mit unserer eigenen Lebensgeschichte erfahren.

Impuls Schattengeschichten ihres Lebens vertrauen viele den Psychologen und Therapeuten an. Wir sollten nicht übersehen, dass Jesus seine Apostel beauftragt hat, Versöhnung zu schenken, Heilung von dem, der sagt: „Ich bin das Licht der Welt." Im Johannesevangelium sagt Jesus: „Geht euren Weg, solange es hell ist, damit die Dunkelheit euch nicht überfällt! Wer im Dunkeln geht, weiß nicht, wohin der Weg führt. Haltet euch an das Licht, solange ihr es habt! Dann werdet ihr Menschen, die ganz vom Licht erfüllt sind." (Joh 12, 35-36)

10. Tag
Ihr seid das Licht der Welt

Wort der Schrift Ihr seid das Licht der Welt. Eine Stadt, die auf einem Berg liegt, kann nicht verborgen bleiben. Man zündet auch nicht ein Licht an und stülpt ein Gefäß darüber, sondern man stellt es auf den Leuchter; dann leuchtet es allen im Haus. So soll euer Licht vor den Menschen leuchten, damit sie eure guten Werke sehen und euren Vater im Himmel preisen.
(Mt 5,14-16)

Wort in den Tag Geht das nicht weit über unsere Verhältnisse? „Licht der Welt?" Große Worte, viel zu groß für uns. Wir wollen den Mund lieber nicht so voll nehmen. Ein bescheidenes Kirchenlicht – das entspricht der Wirklichkeit eher. Stadt auf dem Berg. Licht der Welt, das alle erleuchtet? Wer kann solches von sich behaupten? Aber was wir als Christen sind, ist nicht in unser Belieben gestellt, sondern vorgegeben. Von unserem Ursprung her: „Ihr seid das Licht der Welt!" Also nicht irgendein kleines Kirchenlicht, auch nicht ein Licht unter tausend anderen. „Ihr seid das Licht der Welt."
Eine ungeheuere Aussage. Wir hätten vielleicht einen Imperativ erwartet: Seid Licht der Welt! Das steht da nicht. Wir wären restlos überfordert. Befehle und Appelle helfen uns nicht weiter. Wir geraten nur unter Leistungsdruck. Licht der Welt, das geht nicht auf Befehl. Hier steht kein Imperativ, sondern ein Indikativ: „Ihr seid das Licht der Welt." (Franz Kamphaus)
Und das hat einen Grund. Das Wort hat seinen Grund. Das Licht kommt nicht aus uns, sondern zu uns. Christus selbst ist der Garant dieses Wortes. Ohne ihn ist es ohne Grund und ohne Sinn, führt zu maßloser Übertreibung, zu verlogener Arroganz. Wie sollten wir uns rühmen? Christus ist die Quelle des Lichtes. Er behauptet von sich: „Ich bin das Licht der Welt." Wenn wir uns durch ihn anstecken lassen, wird unsere Finsternis hell.
Die entscheidenden Dinge in unserem Leben können wir nicht machen. Die bekommen wir geschenkt. Liebe, Leben, Licht – sie haben ihre Ursache in etwas Größerem. Sie schöpfen aus Quel-

len, die unbegrenzt sind. Wir empfangen unser Licht von der Sonne. Und wenn sie scheint, können wir alle selbstgemachten Lampen ausschalten. Christen, die von Christus erleuchtet werden, strahlen von innen her. Sie sind wie Leuchttürme, wie eine Stadt auf dem Berg. Sie sind das Licht der Welt.
Vielleicht steckt in mir etwas Größeres, als ich mir bisher zutraute? Vielleicht bin ich zu ängstlich und kleinkariert? Vielleicht bin ich zu bescheiden erzogen? Vergiss die Angst zu versagen! Und stülp kein Gefäß über dein Licht, sondern stell es auf den Leuchter! Dann wird es allen im Hause leuchten.

Impuls Ein Mann, der in einem Trappistenkloster für einige Wochen das Leben der Mönche teilen durfte, bat den Abt zu Beginn dieser Schweigezeit um ein Meditationswort. Der Abt sagte: „Nimm dies Wort als Wegbegleitung: „Ich bin die Herrlichkeit Gottes." Das ist für heute ein gutes Wort, das ich mir öfters vorsage: „Ich bin die Herrlichkeit Gottes". Dann verstehe ich am Abend auch das Wort: „Ihr seid das Licht der Welt!"

Nacht und Gewölk und Finsternis,
verworrenes Chaos dieser Welt,
entweicht und flieht! Das Licht erscheint,
der Tag erhebt sich: Christus naht.

So soll, was in uns dunkel ist,
was schwer uns auf dem Herzen liegt,
aufbrechen unter deinem Licht
und dir sich öffnen, Herr und Gott.

Dich, Christus, suchen wir allein
Mit reinem und geteiltem Sinn,
dir beugen willig wir das Knie
mit Bitten und mit Lobgesang.

Blick tief in unser Herz hinein,
sieh unser ganzes Leben an:
Noch manches Arge liegt in uns,
was nur dein Licht erhellen kann.

Entzünde in mir das Feuer der Liebe

2. Fastenwoche

11. Tag
Zungen wie von Feuer

Wort der Schrift Als der Pfingsttag gekommen war, befanden sich alle am gleichen Ort. Da kam plötzlich vom Himmel her ein Brausen, wie wenn ein heftiger Sturm daher fährt, und erfüllte das ganze Haus, in dem sie waren. Und es erschienen ihnen Zungen wie von Feuer, die sich verteilten; auf jeden von ihnen ließ sich eine nieder. Alle wurden mit dem heiligen Geist erfüllt und begannen in fremden Sprachen zu reden, wie es der Geist ihnen eingab. (Apg 2, 1-4)

Wort in den Tag Am ersten Pfingstfest der Kirche, ihrem „Geburtstag", beseelt der Heilige Geist die Versammelten. Seine Attribute sind Sturm und Feuer. Aber wenn es damals einen „heftigen Sturm", ein lautes „Brausen" gab, warum wählt der Heilige Geist – im Gegensatz dazu – die Gestalt kleiner Feuerzungen? Hätten es nicht auch große, hell lodernde Fackeln sein müssen, um die Apostel mit Mut und Feuereifer auszurüsten? Aber der Heilige Geist kommt in Gestalt kleiner Zungen. Auf alten Pfingstbildern sind diese wie Kerzenflammen dargestellt. Und genau das ist es, was uns zu denken geben sollte. Denn aus einer kleinen Flamme, ja sogar aus einem sehr kleinen Funken kann Gewaltiges entstehen. Jakobus schreibt: „Und wie klein kann ein Feuer sein, das einen großen Wald in Brand steckt." (Jak 3, 5)
Feuer wird nicht weniger, wenn man etwas davon weitergibt. Von einer einzigen Osterkerze bekommen viele andere Kerzen in der Osternacht ihr Licht. Das Feuer ist das Symbol der Dynamik. Bereits ein kleiner Funken kann vieles bewirken: Wärme im ganzen Haus, gut essbare Nahrung durch das Kochen, Gemeinschaft am Lagerfeuer, Freude durch das Entzünden eines Feuerwerks. In einer Flamme hat man früher Gegenstände keimfrei gemacht und durch diese sterilisierende Reinigung oft sogar Leben gerettet. Mit Zündkerzen werden Motoren in Gang gesetzt und die Menschen in Bewegung gebracht. In Wärmekraftwerken wird Strom erzeugt, Lunten und Zündschnüre können gewaltige Explosionen herbeiführen. Durch „Funk"-

Verbindungen“ kann Kommunikation ermöglicht werden. Auch wenn Menschen „entflammen“ kann vieles in Bewegung gesetzt werden. Wenn uns eine Sache, eine Person begeistert, fasziniert, uns ansteckt, dann sind wir mit Feuereifer dabei. Wer kennt nicht diese Stimmung, die sich in Stadien im „la Óla“ Bahn bricht, diese lodernde Begeisterung, die wie in einer Welle auf andere überschwappt?

Wir sollten uns immer vor Augen halten, dass klein erscheinende Ursachen eine große Wirkung haben können. Wir trauen uns keine großen Gestaltungsmöglichkeiten zu. Und doch kann von dem, was wir sagen, schreiben oder tun, eine weitaus größere Wirkung ausgehen, als wir zunächst denken – selbst wenn sich diese Wirkung erst später einstellt. Vielleicht erinnern wir uns bestimmter Worte oder Handlungen anderer, die uns selbst entscheidend geprägt haben, sei es von Eltern, Lehrern oder Freunden: kleine Ursache, große Wirkung!

Ebenso ist es auch mit den Feuerzungen, in denen der Heilige Geist seine Kraft weitergibt. Licht für unseren Lebensweg, Kraft für den Alltag, zwischenmenschliche Wärme, wahre Freude in Gott, geistliche Nahrung, Reinigung von den Sünden, wirkliche Gemeinschaft, die Möglichkeit zu „kommunizieren“: all das sind Früchte des Heiligen Geistes.

Impuls Um den Heiligen Geist, kann man nur beten: „Veni creator spiritus!“ Einige Verse aus dem Pfingsthymnus können zum „Ohrwurm“, zur Grundmelodie des Tages werden:

Komm herab, o Heil'ger Geist,
der die finstre Nacht zerreißt,
strahle Licht in diese Welt.

Ohne dein lebendig Wehn
kann im Menschen nichts bestehn,
kann nichts heil sein noch gesund.

Komm, o du glückselig Licht,
fülle Herz und Angesicht,
dring bis auf der Seele Grund.

12. Tag

Nur Brennende können leuchten

Wort der Schrift Ich bin gekommen, um Feuer auf die Erde zu werfen. Wie froh wäre ich, es würde schon brennen! (Lk 12, 49)

Wort in den Tag Dieses „feurige" Wort von Jesus ist echt, das bestreiten selbst die Bibelgelehrten nicht. Jesus ist gekommen, um uns anzustecken. Er will, dass es bei uns „zündet", dass eine Feuersbrunst unsere Herzen ergreift. Er will kein normales Feuer, das irgendwann erlischt und von dem hinterher nichts weiter übrig bleibt als erkaltete Asche. Er will auch kein Strohfeuer, das schnell aufflackert und ebenso rasch erlischt. Er will auch keinen Schwelbrand. Er will ein Feuer entfachen, das nie wieder ausgeht, weil es im Menschen brennt. Gottes Liebe „durchglüht" ihn, damit er „brennend" bei der Sache ist.

„Um Zions willen kann ich nicht schweigen, um Jerusalems willen nicht still sein, bis das Recht in ihm aufstrahlt wie ein helles Licht und sein Heil aufleuchtet wie eine brennende Fackel." (Jes 62,1) So lässt der Prophet Jesaja „den Gesalbten Jahwes" sprechen. In Jesus Christus ist dieser Gesalbte unter uns erschienen. Er sehnt sich danach, dass die brennende Fackel des Heiles überall auflodert. Er identifiziert sich mit seinem Volk und möchte, dass alle die zu ihm gehören innerlich entzündet werden von diesem Feuer, das er selbst verkörpert.

Fast ungeduldig wünscht er es herbei, dass sich die Menschen anstecken lassen von seiner Liebe. Der Funke soll möglichst bald bei allen Menschen überspringen!

Die Emmausjünger stellen fest, nachdem sie gemeinsam mit dem Auferstandenen unterwegs waren: „Brannte uns nicht das Herz in der Brust, als er unterwegs mit uns redete und uns den Sinn der Schrift erschloss?" (Lk 24, 32) Die Emmausjünger sind durch die Begegnung mit ihm und seinem Wort so sehr von innerem Feuer erfüllt, dass sie sofort nach Jerusalem zurückkehren und den Aposteln ihr Erlebnis berichten, obwohl bereits die Nacht hereinbricht.

Man hört und liest immer wieder von Menschen, die ein Wort der Schrift, eine persönliche Erfahrung so sehr fasziniert, dass „es" sie nicht mehr loslässt. Und wenn einmal ein solcher Gedanke „gezündet" hat, werden Kräfte frei, die man nicht einfach „im stillen Kämmerlein einsperren" kann.
„Einer hat uns angesteckt, mit der Flamme der Liebe. Einer hat uns angesteckt und das Feuer brennt hell", so lautet der Refrain eines Liedes. Wir sollen uns anstecken lassen, Feuer fangen und andere anstecken, damit Seine Botschaft sich einem Flächenbrand gleich ausbreitet.
Aber wir sind immer in der Gefahr, dass Lähmung und Resignation sich auf unser Herz legen. Jeder kennt das Tief, das uns alle Begeisterung raubt. Ein Brief eines jungen Priesters an seinen Bischof beschreibt eine solche Erfahrung. Er hatte sich als Kaplan in zwei Pfarrstellen abgemüht mit allen möglichen Methoden der Gruppendynamik und der Jugendpastoral. Nun war er leer und ausgelaugt. Er bat seinen Bischof darum, für ein Jahr in die Wüste zu den „Kleinen Brüdern" in der Sahara gehen zu dürfen: „Mir ist klar geworden, dass selbst die organisierteste Pfarrarbeit und die beste Sozialarbeit im Außenstehenden kein Leben erzwingen kann. Gemeinschaft, Freude, Glaube, Hoffnung, Liebe – alles christliche Werte, sie lassen sich nicht organisieren, sondern nur anstecken." Dieser junge Mann wollte für eine Zeit in die Wüste zu den Brüdern des Charles de Foucauld, um dem brennenden Dornbusch zu begegnen, um neu Feuer zu fangen, um sich entzünden zu lassen von dem Feuer der Liebe. Denn nur Brennende können leuchten.

Impuls Ich will offen und bereit sein, mich (wieder) auf das Wort Christi oder die Gedanken eines besonderen Glaubenszeugen einzulassen. Offen sein für eine „zündende" Erfahrung. Meinen „Streichholzkopf" zumindest in die Nähe der brennenden Flamme des Glaubens halten. Und nicht – im übertragenen Sinne – mein Zündholz bewusst in der Streichholzschachtel verschließen, um möglichst „cool" zu bleiben.
Vielleicht hat Sie früher ein Wort der Bibel oder ein Gleichnis des Evangeliums besonders angesprochen. Schauen Sie heute noch einmal nach, was Sie damals begeistert hat.

13. Tag

Der brennende Dornbusch

Wort der Schrift Mose weidete die Schafe und Ziegen seines Schwiegervaters Jitro, des Priesters von Midian. Eines Tages trieb er das Vieh über die Steppe hinaus und kam zum Gottesberg Horeb. Dort erschien ihm der Engel des Herrn in einer Flamme, die aus einem Dornbusch emporschlug. Er schaute hin: Da brannte der Dornbusch und verbrannte doch nicht. Mose sagte: Ich will dorthin gehen und mir die außergewöhnliche Erscheinung ansehen. Warum verbrennt denn der Dornbusch nicht? Als der Herr sah, dass Mose näher kam, um sich das anzusehen, rief Gott ihm aus dem Dornbusch zu: Mose, Mose!

(Ex 3, 1-4)

Wort in den Tag Warum wählt Gott gerade einen Dornstrauch als Ort seiner Erscheinung? Sind nicht Dornengewächse seit dem Sündenfall der Inbegriff für alles Schlimme, für Mühsal und Schmerz, für Lebensfeindlichkeit, Schwierigkeiten und Unannehmlichkeiten? Sie spenden keinen Schatten, keine Nahrung, ja, viele taugen nicht einmal als Brennholz.

Und trotzdem erscheint Gott bei der Berufung des Mose in der Gestalt eines brennenden Dornbusches. Gott meidet diesen Busch nicht! Er bedient sich des Unansehnlichen, von den „normalen" Menschen Gemiedenen und Verachteten, des scheinbar Unnützen, um seine Liebe zu offenbaren. Er identifiziert sich mit den „Kleinen", den „Missachteten", den „Zerschlagenen", um seine Liebe zu uns zu zeigen.

Einst wurde ein Rabbi gefragt: „Warum wählte Gott einen Dornbusch, um mit Mose aus ihm zu reden?" Der Rabbi antwortete: „Gott wählte den ärmlichen Dornbusch, um dich zu belehren, dass es auf Erden keinen Platz gibt, an dem Gott nicht anwesend sein könnte. Nicht einmal der Dornbusch in der Wüste ist zu gering."

Eine andere jüdische Überlieferung erzählt: „Gott hat den Berg verlassen und wählte den Dornbusch als Ort des Verweilens, den Strauch, der voller Dornen und Stacheln war, weil er Israels Bedrängnis sah. Er nahm Anteil an ihrer Not."

Gott wählt den Dornbusch und wirft sein Feuer hinein. Der geringste Strauch, der hinterste Winkel, der letzte Platz ist gut genug als Ort der Erscheinung, als Wohnung für Gott.
Dornen meidet man besser! Aber einer tut es nicht: Unser Gott! Er gibt sich ganz bewusst mit „Dornbüschen" ab. Er bedient sich des Unansehnlichen, von den Menschen Gemiedenen und Verachteten, des scheinbar Unnützen und Wertlosen, um seine Liebe zu offenbaren. „In der Höhe und im Heiligen wohne ich und bei dem, der zerschlagenen und gebeugten Geistes ist, um zu beleben den Geist der Gebeugten und zu beleben das Herz der Zerschlagenen. (Jes 57,15) Es gibt Hoffnung für jeden Ausgebrannten und Geknickten. Es gibt Hoffnung für den unnützen, alten Dornbusch. Gott will darin Wohnung nehmen!
Und Jesus Christus? Auch er ging den Dornen nicht aus dem Weg. Er kam bewusst in eine Welt der Disteln und Dornen, der Plage und Verletzbarkeit, um unsere Sünden auf sich zu nehmen. In der Leidensgeschichte von Jesus heißt es: „Dann flochten sie einen Kranz aus Dornen; den setzten sie ihm auf ..." (Mt 27,29), damit er „dein Leben vor dem Untergang rettet und dich mit Huld und Erbarmen krönt." (Ps 103,4) Was für ein unglaublicher Rollentausch!
Und noch eines ist bemerkenswert: Der Dornbusch verbrennt nicht. Gottes Liebe ist kein bloßes Strohfeuer. Dieses Feuer vergeht nicht, denn wir sind angewiesen auf „die Gnade dessen, der im Dornbusch wohnt". (Dtn 33, 16) Gott ist demnach nicht nur in einem einmaligen, verblüffenden Wunder im Dornbusch erschienen. Die Präsensform sagt aus: Auch jetzt kann man ihn finden und ihm begegnen in den Missachteten unserer Gesellschaft.

Impuls Ich will mich bemühen, gerade auch diejenigen Menschen meiner Umgebung besser zu beachten und jenen liebevoller zu begegnen, die einen dornenreichen Lebensweg hinter oder vor sich haben, die manchen anderen vielleicht ein Dorn im Auge sind, die vielleicht sogar ge-„strauch"-elt sind. Ich will versuchen, sie in jenem Lichte zu sehen, das vom Feuerschein der Liebe Gottes in ihnen herrührt.

14. Tag

Zwei Kohlenfeuer

Wort der Schrift Da sagte die Pförtnerin zu Petrus: Bist du nicht auch einer von den Jüngern dieses Menschen? Er antwortete: Nein. Die Diener und die Knechte hatten sich ein Kohlenfeuer angezündet und standen dabei, um sich zu wärmen; denn es war kalt. […] Auch Petrus stand bei ihnen und wärmte sich. […] Als es schon Morgen wurde, stand Jesus am Ufer. Als Simon Petrus hörte, dass es der Herr sei, gürtete er sich das Obergewand um, weil er nackt war, und sprang in den See. Als sie an Land gingen, sahen sie am Boden ein Kohlenfeuer und darauf Fisch und Brot. Als sie gegessen hatten, sagte Jesus zu Simon Petrus: Simon, Sohn des Johannes, liebst du mich mehr als diese? Er antwortete ihm: Ja, Herr, du weißt, dass ich dich liebe. (Joh 18, 17-18; 21,4-17)

Wort in den Tag Die Nacht ist dunkel und kalt. Der Karfreitag, an dem Finsternis über dem ganzen Land liegen wird, wirft seine Schatten voraus. Petrus, der gerade noch so mutige Jünger, der die Gefangennahme Jesu sogar mit dem gezückten Schwert hatte verhindern wollen, hat nun Angst. Er hat „kalte Füße bekommen". Er ist nicht besser als Judas. Er verrät seinen besten Freund.

Petrus, der Fischer, den man „Felsen" nennt; ein Felsen, wie ein Fundament, das die Gemeinde trägt. Welch großes Wort von Jesus! Ja, so möchte er gerne sein: charakterfest wie Stein. Petrus ist voller Begeisterung, er ist Feuer und Flamme. Aber dann: er verfängt sich im Netz des Verrats, und die Angst erstickt sein inneres Feuer. Dreimal leugnet er. Als der Hahn dreimal kräht, weint er bitterlich. Einst wollte er für Jesus durchs Feuer gehen, war bereit für ihn zu sterben, doch dann stirbt Jesus für ihn. Petrus am Boden zerstört, der „Fels" zertrümmert, zerbrochen – wie sein gebrochenes Wort. Der Verrat löscht alles aus, da wärmt auch das Kohlenfeuer im Hof nicht mehr!

Und doch bleibt eines beständig: Jesus und der Auftrag für Petrus. „Du wirst Menschen fangen", lautet der Auftrag von Jesus an Petrus. Und Petrus lässt seine Netze liegen, er geht ihm nach. Jesus sieht in das Herz des Verräters. Er sieht nicht seine Schwäche, sein Versagen, sondern seine bittere Reue, seine Tränen. Und das lässt ihn nicht kalt. Er überlässt Petrus nicht seinen Selbstzweifeln und Schuldgefühlen. Er geht ihm nach in verzeihender Liebe.

Am See von Tiberias offenbart er sich nach seiner Auferstehung dem Petrus und den Jüngern – und wieder brennt ein Kohlenfeuer. Doch dieses Mal ist es kein Feuer aus Menschenhand, sondern Jesus selbst hat es entzündet. An seinem Feuer speist er die Jünger, entfacht deren Liebe erneut zu ihm und wiederholt seinen Auftrag an Petrus: „Weide meine Lämmer! Weide meine Schafe!"

Und aus dem dreimaligen „Nein" im Palasthof des Hohenpriesters wird jetzt ein dreimaliges „Ja, Herr, du weißt, dass ich dich liebe."

Fehler und Versagen bestimmen auch mein Leben. Der Verrat hat viele Gesichter. Manchmal wiederholt man die gleichen Fehler, wie Petrus gleich dreimal Verrat übte.

Es ist für mich ungeheuer tröstlich, dass er dennoch wieder angenommen wird. Der erste „Papst" hatte keine „makellose Weste". Es ist also nicht entscheidend, wie oft wir versagen. Entscheidend ist, das wir bereuen. Dass wir den Hahnenschrei unseres Gewissens hören und umkehren. Wer dann erfährt, dass er dennoch angenommen wird, kann gar nicht anders, als in seiner Liebe treu zu sein.

Impuls Die Verse von Maria Höller laden ein, über Verrat und Versöhnung und die einzig wichtige Frage in unserem Leben nachzudenken: Bist du fähig, richtig zu lieben?

Liebst du mich?

Herr,
wenn du diese Frage
mir stellen würdest,
ich könnte dir wahrscheinlich nicht

in die Augen sehen,
ich wäre auch nicht fähig,
dir eine klare Antwort zu geben.
Herr,
ich spüre es, es ist die
entscheidende Frage
überhaupt,
und ich werde ihr
nicht ausweichen können.
Nur kraft deiner Liebe
weiß ich es im Herzen:
Ein ganz leises
Ja
genügt dir.

15. Tag

Die Feuerprobe

Wort der Schrift Der Gnade Gottes entsprechend, die mir geschenkt wurde, habe ich wie ein guter Baumeister den Grund gelegt; ein anderer baut darauf weiter. Aber jeder soll darauf achten, wie er weiterbaut. Denn einen anderen Grund kann niemand legen als den, der gelegt ist: Jesus Christus. Ob aber jemand auf dem Grund mit Gold, Silber, kostbaren Steinen, mit Holz, Heu oder Stroh weiterbaut: das Werk eines jeden wird offenbar werden; jener Tag wird es sichtbar machen, weil es im Feuer offenbart wird. Das Feuer wird prüfen, was das Werk eines jeden taugt. Hält das stand, was er aufgebaut hat, so empfängt er Lohn. Brennt es nieder, dann muss er den Verlust tragen. Er selbst aber wird gerettet werden, doch so wie durch Feuer hindurch. Wisst ihr nicht, dass ihr Gottes Tempel seid und der Geist Gottes in euch wohnt? (1 Kor 3, 10-16)

Wort in den Tag In früheren Jahrhunderten wurden in den mitteleuropäischen Städten viele Häuser aus einem Holzgerüst errichtet. Das Fachwerk wurde häufig mit einem Gemisch aus Lehm und Stroh ausgefüllt. Nicht selten kam es dann zu Brandkatastrophen, in denen manchmal ganze Stadtviertel in Schutt und Asche fielen. Aber auch im Rahmen des modernen Brandschutzes spielt die Entzündungstemperatur der verwendeten Baumaterialien eine wichtige Rolle. Das ist jene Temperatur, bei der das betreffende Material – bei Vorhandensein von Luftsauerstoff – von selbst zu brennen anfängt. Fichtenholzstücke können beispielsweise bei einer Temperatur von ca. 300° brennen, Heu und Stroh bereits bei Temperaturen um 230°. Ganz anders Edelmetalle: Sie sind nicht ohne weiteres entzündbar. Man braucht schon Temperaturen von 1000°, um Silber und Gold überhaupt zum Schmelzen zu bringen.
„Das Feuer wird prüfen, was das Werk eines jeden taugt.“ Kostbar und beständig soll unser Lebenshaus sein, so wünscht es der Apostel Paulus. Das Fundament ist Christus. Auf diesem Grund sollen wir weiterbauen. Silber und Gold als Baumaterial sind

nicht zu schade, denn „wisst ihr nicht, dass ihr Gottes Tempel seid und der Geist Gottes in euch wohnt?“ Dann wird unser Lebenshaus die Feuerprobe bestehen.
Man spricht vom „Feuer der Leidenschaften“. Unbeherrschte Leidenschaften können unser Lebenshaus niederbrennen. Paulus nennt im 1. Korintherbrief die unterschiedlichen Baumaterialien. Selbst wenn ich mir – angesichts meiner eigenen Unzulänglichkeiten – nicht anmaße, dass mein Material, mein Werk Gold oder Silber ist, brauche ich deshalb nicht mutlos zu werden. Auch wenn ich das, was mich betrifft, eher zum „Holz“ rechnen möchte, will der Herr bei mir wohnen. „Wisst ihr nicht, dass ihr Gottes Tempel seid ...“, so macht Paulus uns darauf aufmerksam, wie unendlich wertvoll wir doch sind, jeder Einzelne von uns. Das Wissen darum könnte uns als Entscheidungshilfe bei der Auswahl unseres „Baumaterials“ dienen.
Es geht nicht nur um Schönheitsreparaturen an unserem Lebenshaus. Es geht um eine Kernsanierung. Denn „Gottes Geist wohnt in euch“. In der Mitte unseres Hauses ist das Prunkgemach. Da berührt uns Gott. Wir können ihm nicht nur ein Gastzimmer anbieten. Wir müssen ihm das Eigentumsrecht übertragen und die Schlüssel für alle Räume übergeben. Auch die Kellerräume darf der Herr betreten, wo sich das Gerümpel angesammelt hat, wo eine „Tempelreinigung“ notwendig wäre.

Impuls Ein Gebet des großen Papstes Johannes XXIII. spricht mich besonders an:

Schmücke mein Herz, Herr, mit deiner Gegenwart;
verwandle es in eine Wohnung für Dich!
Du bist der Gast, den ich erwartet,
der Freund, der bei mir bleiben soll.
Dir, dem ein Palast gebührt,
habe ich nur eine ärmliche Hütte anzubieten.
Ich schmücke mein Haus mit Sehnsucht und Verlangen.
Dann wird der Glanz des Himmels meine Wohnung erhellen.
Mein Haus wird eine Kathedrale sein, mein Herz ein Tabernakel.
Schmücke mein Herz, Herr, mit deiner Gegenwart,
verwandle es in eine Wohnung für dich.

16. Tag

Das Feuer der Liebe

Wort der Schrift Stark wie der Tod ist die Liebe, die Leidenschaft ist hart wie die Unterwelt. Ihre Gluten sind Feuergluten, gewaltige Flammen. Auch mächtige Wasser können die Liebe nicht löschen; auch Ströme schwemmen sie nicht weg. Böte einer für die Liebe den ganzen Reichtum seines Hauses, nur verachten würde man ihn. (Hld 8, 6-7)

Wort in den Tag Nach Angaben des Statistischen Bundesamtes wurden in Deutschland im Jahre 2003 knapp 383.000 Ehen geschlossen und fast 214.000 geschieden. Als häufigster Scheidungsgrund wird genannt: „Wir haben uns auseinander gelebt."

Ganz offenkundig kann das Feuer der Liebe erkalten.

Und dennoch treten junge Menschen voller Hoffnung vor den Altar. Feiern ihre Liebe in festlichen Zeremonien. „Jedes Mal, wenn zwei Menschen sich lieben, geht es um das Schicksal dieser Erde", schreibt Urs von Balthasar. Die Liebe ist immer wieder ein Anfang: der Anfang einer neuen Welt. Für die Trauungsliturgie wird besonders gern das „Hohelied der Liebe" aus dem Brief des Apostels Paulus an die Korinther ausgewählt. Wer Mut hat, solche Worte zu wählen, hat auch Kraft, in Resignation und Krisen zu bestehen.

„Wenn ich in den Sprachen der Menschen und Engel redete, hätte aber die Liebe nicht, wäre ich dröhnendes Erz oder eine lärmende Pauke. Und wenn ich meine ganze Habe verschenkte, und wenn ich meinen Leib dem Feuer übergäbe, hätte aber die Liebe nicht, nützte es mir nichts. Die Liebe ist langmütig, die Liebe ist gütig. Sie ereifert sich nicht, sie prahlt nicht, sie bläht sich nicht auf. Sie erträgt alles, glaubt alles, hofft alles, hält allem stand. Die Liebe hört niemals auf. Für jetzt bleiben Glaube, Hoffnung, Liebe, diese drei; doch am größten unter ihnen ist die Liebe." (1. Kor 13,1-13)

Der Text ist wie eine Vision. Besonders in Krisenzeiten brauchen wir Visionen. Die Liebe aber hat einen Grund. Ihre tiefste Be-

gründung findet sie in der Liebe Gottes zu uns Menschen. „Gottes Leidenschaft ist der Mensch“, sagt Augustinus. Bevor wir lieben können, sind wir schon längst bejaht und geliebt.
Und wie ist es mit unserem Verhältnis zu Christus? „Nicht Knechte seid ihr, ihr seid meine Freunde“, ist sein Angebot. In der Tradition des Glaubens wird die Kirche mit einer Braut und Christus mit dem Bräutigam verglichen. Und die Kirche sind wir alle. Gibt es in dieser Hinsicht ähnliche Ansätze von „Scheidungsgründen“? Besteht die Gefahr, dass wir uns mit ihm „auseinander leben“? Rede ich überhaupt noch mit ihm? Bete ich? Merke ich, was er mir zu sagen hat?
Was immer ich auf diese Fragen für Antworten geben muss, eines ist jedenfalls sicher: Die Liebe Christi zu uns erkaltet nicht. „Was kann uns scheiden von der Liebe Christi?“ (Röm 8, 35) Selbst wenn ich zugeben müsste, dass ich mich innerlich weit von ihm entfernt habe: Seine Liebe zu mir kann auch durch „mächtige Wasser“, durch große Fehler, die ich begangen habe, nicht endgültig „gelöscht“ werden. Ich muss nur auf ihn zugehen. In unserer Beziehung gibt es auf jeden Fall immer die Möglichkeit eines Neuanfangs!

Impuls Ich will mir klar darüber werden, in welcher Hinsicht meine Beziehung zu Gott nicht in Ordnung ist. Ich will da ansetzen, wo es „hapert“, damit die „Beziehungskrise“ nicht noch größer wird. Und ich will darauf vertrauen, dass Gott die Brücken zu mir keineswegs abgebrochen hat, sondern in Liebe auf mich wartet.

Christus, wahres Licht, Güte und Leben,
Freude der Welt, Liebe ohne Maß;
du hast von allem den Tod uns errettet
durch dein Blut.

Säe in unsre Herzen die Liebe,
gieß ein des Glaubens ewiges Licht,
mehre – wir bitten dich – in uns allen
die Glut der Liebe.

aus: Christe, lux vera; 10. Jahrhundert

Der Weg der Reinigung

3. Fastenwoche

17. Tag

Gott mit reinem Herzen schauen

Wort der Schrift So spricht der Herr zu den Leuten von Juda und zu Jerusalem: Nehmt Neuland unter den Pflug, und sät nicht in die Dornen! Beschneidet euch für den Herrn, und entfernt die Vorhaut eures Herzens, ihr Leute von Juda und ihr Einwohner Jerusalems! Sonst bricht mein Zorn wie Feuer los wegen eurer bösen Taten; er brennt, und niemand kann löschen. Meldet es in Juda, verkündet es in Jerusalem, stoßt überall im Land in die Trompete, ruft aus voller Kehle und sagt: Sammelt euch! Hinein in die befestigten Städte! Stellt Wegzeichen auf: Nach Zion! Flüchtet, bleibt nicht stehen! Denn Unheil bringe ich von Norden und großes Verderben. Wasche dein Herz vom Bösen rein, Jerusalem, damit du gerettet wirst. Wie lange noch wohnen in dir deine frevelhaften Gedanken? Ach, töricht ist mein Volk; mich kennen sie nicht. Sie sind unverständige Kinder, ja, sie sind ohne Einsicht. Sie wissen, wie man Böses tut, aber Gutes zu tun verstehen sie nicht. (Jer 4, 3-6.14.22)

Wort in den Tag Frühjahrsputz! Eimer und Putzmittel, Schrubber und Gummihandschuhe stehen bereit. Schon der erste leichte Strich über die Fußleiste färbt den mit feuchtem Tuch umgebenen Zeigefinger grau. Beim Fensterrahmen und hinter dem Fernseher bringt er es sogar zu einem satten Schwarz. Die Sonne wurde in den letzten Tagen mit ihren unbarmherzigen Strahlen unbequem deutlich: wer jetzt nicht reinemacht, der tut's dieses Jahr nicht mehr! Also, denke ich mir, muss es jetzt sein. Aufschieben geht nicht mehr. Die Frühjahrsgarderobe hängt auch schon gereinigt im Schrank und wartet auf ihren Einsatz. Als ich das Putzmittel aufschraube, um eine Verschlusskappe Reinigungsmittel abzumessen und in meinen Wassereimer zu schütten, muss ich schmunzeln. Der Reiniger heißt ausgerechnet „Frühlingsbrise". Es kann losgehen!
In den vierzig Tagen der Fastenzeit packt viele die Putz- und Erneuerungswut. „Klar Schiff machen!", sagt meine Nachbarin. Vielleicht sehnt sich der Mensch in den Tiefen seiner Existenz

nach Ordnung und Reinheit. Gut möglich, dass der Schöpferwille Gottes, der aus dem Chaos des Anfangs einen Kosmos, aus der Unordnung eine Ordnung schuf, den Willen des Menschen spiegelt, in geordneten Verhältnissen zu leben. Und da wir Menschen auch von außen nach innen lernen, überträgt sich für viele die Ordnung, die sie äußerlich schaffen, nach innen und schenkt ihnen Ruhe. Ein solcher Ordnungswille kann natürlich auch zwanghafte Züge annehmen, wo jemand in übertriebener Weise Ordnung halten muss, um der Angst vor der übermächtigen Unordnung der Dinge zu wehren.
In diese Putz- und Erneuerungswut scheint auch der Prophet Jeremia einzustimmen, wenn er Jerusalem auffordert, sein Herz vom Bösen rein zu waschen. Ein faszinierendes Bild. Fast muss ich aufpassen, daraus keine Karikatur zu machen. Wie das wohl aussähe: Herzen in der Waschschüssel, in der Waschmaschine und auf der Wäscheleine? Mein Herz kann ich nicht mit der Hand oder irgendeinem Waschmittel reinigen. Es entzieht sich buchstäblich jeder Manipulation. Aber ich kann die Gelegenheit dieser vierzig Tage nutzen, um meinem Herzen und damit der Mitte meiner Person andere Nahrung als sonst zu geben, die Strahlen einer anderen Sonne einfallen zu lassen und zu lernen, wie man Gutes tut.

Impuls Herzenswäsche? So was gibt es natürlich nicht. Aber ein Weg könnte sein, einen Tag lang darauf zu achten, was wir uns alles zu Herzen nehmen. Damit ist gemeint: wie viel Unordnung, Lärm, Stress, negative Gedanken, wie viele Bilder und Wortfetzen uns nicht in den Kleidern hängen bleiben, nicht zum einen Ohr hinein und zum anderen herausgehen, sondern uns zu Herzen gehen. Wer sich das bewusst macht, kann vielleicht wenigstens eines dieser vielen Dinge, die auf unser Herz einströmen, wenigstens für einen Tag bewusst ausschalten oder beeinflussen. Nur für heute nehme ich mir vor: Ich vertreibe alle negativen Gedanken aus meinem Herzen.

18. Tag

Mit seinem Schatten leben? Man wandelt nur, was man annimmt.

Wort der Schrift Um meines Knechtes Jakob willen, um Israels, meines Erwählten, willen habe ich dich bei deinem Namen gerufen; ich habe dir einen Ehrennamen gegeben, ohne dass du mich kanntest. Ich bin der Herr, und sonst niemand; außer mir gibt es keinen Gott. Ich habe dir den Gürtel angelegt, ohne dass du mich kanntest, damit man vom Aufgang der Sonne bis zu ihrem Untergang erkennt, dass es außer mir keinen Gott gibt. Ich bin der Herr, und sonst niemand. Ich erschaffe das Licht und mache das Dunkel, ich bewirke das Heil und erschaffe das Unheil. Ich bin der Herr, der das alles vollbringt. (Jes 45, 5-7)

Wort in den Tag Sie erzählte mir von ihrer Tochter und davon, wie schwierig es wäre, seit Carina 15 geworden sei und immer mehr ihren eigenen Kopf habe. Und sie erzählte von ihrer frühen Heirat und davon, dass ihre Ehe nicht lange gehalten habe und sie mit dem damals zweijährigen Kind allein habe zurechtkommen müssen. Irgendwann, sagte sie, habe sie dann eine Therapie begonnen. „Keine leichte Sache!", meinte sie und zog dabei ihre Lippen zu einem schmalen Strich zusammen. „Am schwierigsten ist es, ehrlich mit sich selber zu bleiben".

Wer ehrlich mit sich selber ist, weiß, dass er niemals nur ein Engel, nur der Reine und Heilige ist. Jede und jeder von uns trägt seinen Schattenbruder, ihre Schattenschwester wie einen siamesischen Zwilling zeitlebens mit sich herum. Wo viel Licht ist, darf auch viel Schatten sein. Und wer glaubt, dass seine dunklen, bösen Seiten überhand nehmen, kann getrost davon ausgehen, dass in ihm nicht nur Finsternis herrscht.

Die Tiefenpsychologie betont, wie wichtig es für den Reifungsprozess und die Persönlichkeit eines Menschen ist, diesem Schattenbruder, dieser dunklen Seite die Hand zu reichen, ihn in das eigene Leben zu „integrieren". Integration kann aber nur gelingen, wenn ich bereit bin, das, was mir fremd ist, zu dulden, kennen zu lernen und anzunehmen. In der Frömmigkeitsge-

schichte des Christentums gab und gibt es bis heute Tendenzen, die dunkle Seite des Menschen mit scharfen Mitteln restlos beseitigen, sie wie Unkraut mit lodernder Flamme wegbrennen zu wollen. Nicht selten hat man dabei das Kind mit dem Bade ausgeschüttet. Was allzu sehr aus der Tür des Lebenshauses herausgewiesen wurde, kam nicht selten durch die Fenster und Hintertüren wieder herein.
Beim Propheten Jesaja lese ich mit Erstaunen, dass Gott Licht und Dunkel, Heil und Unheil erschaffen hat. Eigentlich eine Binsenweisheit. Und doch – gut zu wissen, dass Gott den Licht- und Schattenbruder in mir geschaffen hat. Ich muss nicht porentief rein und bis aufs kleinste Stäubchen ausgefegt sein, um mich sein Geschöpf nennen zu können. Ich darf Licht und Schatten in mir vereinen.

Impuls Wer mit sich selber ins Reine kommen will, tut gut daran, seine vermeintlich „unreinen" Seiten ehrlich anzuschauen. Das nimmt der bösen und dunklen Seite in uns ihre Faszination und auch ihren Schrecken. Und es hilft, verständnisvoller mit dem „alten Adam", der man immer noch ist und bleibt, umzugehen. Eine gute Übung kann es sein, sich die eigenen Seiten, von denen man annimmt, dass sie „gut" bzw. „böse" sind, aufzuschreiben und so vor Augen zu stellen. Oder Symbole für diese beiden Teile in mir zu suchen und sie auf einem in zwei Teile geknickten Din-A3-Blatt aufzumalen.

19. Tag

Fasten und Verzicht als Weg der Befreiung

Wort der Schrift Ist das ein Fasten, wie ich es liebe, ein Tag, an dem man sich der Buße unterzieht: wenn man den Kopf hängen lässt, so wie eine Binse sich neigt, wenn man sich mit Sack und Asche bedeckt? Nennst du das ein Fasten und einen Tag, der dem Herrn gefällt? Nein, das ist ein Fasten, wie ich es liebe: die Fesseln des Unrechts zu lösen, die Stricke des Jochs zu entfernen, die Versklavten freizulassen, jedes Joch zu zerbrechen, an die Hungrigen dein Brot auszuteilen, die obdachlosen Armen ins Haus aufzunehmen, wenn du einen Nackten siehst, ihn zu bekleiden und dich deinen Verwandten nicht zu entziehen. Dann wird dein Licht hervorbrechen wie die Morgenröte, und deine Wunden werden schnell vernarben. Deine Gerechtigkeit geht dir voran, die Herrlichkeit des Herrn folgt dir nach.
(Jes 58, 5-8)

Wort in den Tag Ausgesprochen und unausgesprochen macht sich in der gegenwärtigen Gesellschaft die Stimmung breit, dass der Gürtel enger geschnallt werden muss. Sparzwänge und sinkende Einnahmen sorgen bei vielen für eine depressive und regressive Haltung. Der Titel eines zeitgenössischen Films bringt es in biblischer Sprache auf den Punkt: „Die fetten Jahre sind vorbei." Wer in solchen Zeiten Fasten und Verzicht thematisiert, scheint dem sich immer schneller drehenden Rad der Gesellschaft eher neuen Schwung zu geben, als dass er ihm in die Speichen fällt. Er erhebt die Not, die alle trifft, zur Tugend des Einzelnen. Wenn alle im Überfluss leben, dann macht es Sinn, über Fasten und Verzicht zur Freiheit zu gelangen. Wenn aber überall ohnehin schon der Mangel herrscht, wer mag dann noch verzichten?

Wer so denkt, versteht Fasten und Verzichten als ein Trainingsprogramm, um besser mit weniger auszukommen. Darum geht es aus biblischer Perspektive aber nicht. Statt sich mit sich selbst zu beschäftigen, den Kopf hängen zu lassen und sein Schicksal zu beklagen, stellt die Bibel sich Fasten und Verzicht vor als einen Weg ungeahnter Aktivität: unrechte Fesseln lösen, Versklavte befreien, Obdachlose aufnehmen, Nackte bekleiden und – vielleicht noch schwieriger – sich den Verwandten nicht entziehen. Wer fastet und verzichtet, wird darum frei für das, was er vielleicht bis dahin immer nur vor sich hergeschoben hat: den Besuch bei einem kranken Kollegen, das Gespräch mit dem Obdachlosen, der mich um einen Euro bittet, der Einsatz gegen ungerechte Systeme, in denen Menschen sich verstricken und keinen Ausweg mehr finden. Es ist schwer, zu begreifen, dass asketische Übungen auch vom eigentlichen Ziel wegführen können. Sie können zum Selbstzweck werden, der niemandem dient – nicht einmal dem, der sie ausübt. Was der alttestamentliche Prophet Jesaja nennt, ist hochexplosiver Sprengstoff: nicht der Verzicht auf Genuss und die Selbstminderung ist der wahre Weg, sondern der gezielte und engagierte Einsatz für den Mitmenschen. Wer so tut, der strahlt wie die Morgenröte. Vielleicht, weil er begriffen hat, dass er auf nichts verzichtet, wenn er seine Aufmerksamkeit von sich weg auf den Anderen lenkt.

Impuls Eine solche Form des Fastens muss eingeübt werden. Sie fällt nicht leicht. Auf irgendetwas zu verzichten, nicht zu essen oder nicht zu rauchen, ist dagegen viel einfacher. Ich frage mich: wo kann ich etwas für einen Menschen tun? Und ich beginne da, wo mir die Menschen am nächsten sind: in der Verwandtschaft. Ich beschließe, bei dem zu beginnen, dem ich mich am längsten entzogen habe. Sicher gibt es gute Gründe für diesen Entzug. Aber bestimmt auch einen, ihn wieder aufzusuchen.

20. Tag

Die Lampe der Wachsamkeit: Gebet und Meditation

Wort der Schrift Um Zions willen kann ich nicht schweigen, um Jerusalems willen nicht still sein, bis das Recht in ihm aufstrahlt wie ein helles Licht und sein Heil aufleuchtet wie eine brennende Fackel. Dann sehen die Völker deine Gerechtigkeit und alle Könige deine strahlende Pracht. Man ruft dich mit einem neuen Namen, den der Mund des Herrn für dich bestimmt. Du wirst zu einer prächtigen Krone in der Hand des Herrn, zu einem königlichen Diadem in der Rechten deines Gottes. Nicht länger nennt man dich „Die Verlassene" und dein Land nicht mehr „Das Ödland", sondern man nennt dich „Meine Wonne" und dein Land „Die Vermählte". Denn der Herr hat an dir seine Freude, und dein Land wird mit ihm vermählt. Wie der junge Mann sich mit der Jungfrau vermählt, so vermählt sich mit dir dein Erbauer. Wie der Bräutigam sich freut über die Braut, so freut sich dein Gott über dich. Auf deine Mauern, Jerusalem, stellte ich Wächter. Weder bei Tag noch bei Nacht dürfen sie schweigen. Ihr, die ihr den Herrn erinnern sollt, gönnt euch keine Ruhe! Lasst auch ihm keine Ruhe, bis er Jerusalem wieder aufbaut, bis er es auf der ganzen Erde berühmt macht.

(Jes 62,1-7)

Wort in den Tag Mein Handy hat eine Erinnerungsfunktion. Mein elektronischer Taschenkalender (neudeutsch: handheld) auch. Ich kann beide so programmieren, dass sie kurz vor einem wichtigen Termin oder einem ablaufenden Datum mich mit einem kurzen Warnsignal erinnern. Trotz zweifacher Erinnerung vergesse ich doch das meiste, komme unpünktlich und versäume Fristen und Abgabetermine. In der Organisationspsychologie heißt es, dass man nur die Dinge vergisst, von denen man glaubt, dass sie keine wirklich wichtige Bedeutung für einen haben. Das Unbewusste schaltet die Aufmerksamkeit für diese Daten aus und überdeckt sie mit Alltäglichem. Da helfen auch keine elektronischen Knoten im virtuellen Taschentuch.

Meditation und Gebet, die beiden großen unproduktiven Leistungen des Menschen, wollen die Lampe der Wachsamkeit im Menschen schulen. Worauf richtet der Mensch seinen Blick? Wofür ist er hellwach? Was weckt buchstäblich sein „Inter-Esse“, seinen Wunsch, mittendrin zu sein, einer Sache mit ganzer Aufmerksamkeit innezuwohnen?
Aufmerksamkeit ist erlernbar. Ich kann beispielsweise sehr bewusst meinem Atem nachspüren, sehr aufmerksam das Nehmen und Geben der Luft verfolgen. Oder ich kann einen Weg, den ich jeden Tag zu gehen und zu fahren habe, mit erhöhter Wachsamkeit gehen und versuchen, Dinge wahrzunehmen, über die ich bisher hinweggesehen habe. Möglich ist auch, ein Musikstück oder ein Hörbuch, das ich schon sehr gut kenne, mit ganz neuer Aufmerksamkeit zu hören.
Im Buch Jesaja ist von Wächtern die Rede, die auf die Mauern gestellt sind und Gott keine Ruhe lassen, ihn immer wieder an den Zion erinnern. Manchmal wünschte ich mir solche Wächter, die mir keine Ruhe lassen, die mich immer erinnern. Keine seelenlosen elektrischen Erinnerungsfunktionen, sondern solche, die mit Herzblut die Erinnerung in mir wach halten und mir zurufen: „Bleib wach und munter!“ Eine solche permanente Erinnerung schärft den Verstand und spitzt das Interesse zu. Unwichtiges wird vom Wichtigen getrennt, die Aufmerksamkeit reinigt sich.
Ich begreife: Eines nur ist notwendig. Diesen „besten Teil“ haben viele Menschen erwählt, die sich noch hingebungsvoll der Beobachtung einer Sache oder eines Dings hingeben können. Wie ein Kind im Spiel verlieren sie sich in der Wachsamkeit für das, was sie hier und jetzt unbedingt angeht. Solche Menschen wecken in ihrer Umgebung nicht den Eindruck, nur in Wüste und Ödland und von allen guten Geistern verlassen zu sein. Sie sprühen vielmehr vor lauter Wonne, die das Leben ihnen in jedem Augenblick schenkt.

Impuls Für heute nehme ich mir vor, eine alltägliche Sache sehr bewusst zu tun: einen alltäglichen Weg bewusst zu fahren oder zu gehen. Den Tee sehr aufmerksam aufzubrühen. Ein Musikstück sehr aufmerksam auf bisher Unerhörtes anzuhören.

21. Tag
Kreuz und Leid als Weg der Läuterung

Wort der Schrift Ja, so spricht der Herr: Arg ist dein Schaden, unheilbar deine Wunde. Für das Geschwür gibt es keine Heilung, keine Genesung gibt es für dich. Alle deine Freunde haben dich vergessen, sie kümmern sich nicht mehr um dich. [...] Was schreist du über deinen Schaden und dein arges Leiden? Wegen deiner vielfachen Schuld und deiner zahlreichen Sünden habe ich dir das getan. Doch alle, die dich fraßen, werden gefressen, alle deine Bedränger ziehen als Gefangene fort; wer dich ausplünderte, wird ausgeplündert, wer dich beraubte, den gebe ich dem Raub preis. Denn ich lasse dich genesen und heile dich von deinen Wunden – Spruch des Herrn –, weil man dich die Verstoßene genannt hat, nach der niemand fragt. So spricht der Herr: Seht, ich wende das Geschick der Zelte Jakobs, seiner Wohnstätten erbarme ich mich. Die Stadt soll auf ihrem Schutthügel aufgebaut werden, die Burg auf ihrem alten Platz stehen. (Jer 30,12-18)

Wort in den Tag Nein, ich liebe das Leiden nicht. Ich willige ungern ein, wenn ich geführt werden soll, wohin ich nicht will. Alles in mir rebelliert, wenn mir nacheinander alles genommen wird, wovon ich denke, dass es mich ausmacht. Der Magen dreht sich mir um, wenn ich einsehen muss: diesen Weg gilt es zu gehen, und es gibt kein Zurück. Biblische Bilder kommen mir in den Sinn: dass sie alle meine Gebeine zählen, das Los werfen über mein Gewand, dass ich die Wange denen hinhalten muss, die nur Schmähung und Spott für mich übrig haben. Das Leben kann jederzeit damit aufwarten, dass ich unter die Räuber falle, zusammengeschlagen und liegengelassen werde. Und anders als im Gleichnis, lässt der barmherzige Samariter lange auf sich warten oder bleibt ganz aus. Im Leiden wird der Mensch zum Fragenden: Warum das alles? Warum das alles mir? Leid und Kreuz würde ich niemals freiwillig wählen. Trotzdem gibt es Traditionen in unserem christlichen Glauben, die mit einer deutlich überbetonten Lust das Leid und Kreuz gesucht und angenommen haben. Davon rückt gesunder Menschenverstand heute ab und setzt sich in ein kritisches Verhältnis zu solchen, eher psychologisch verdächtigen Formen der Leidverherrlichung. Aber wichtig ist vielleicht dies: Kreuz und Leid sind nicht nur dunkles Schicksal und über mich verhängtes Urteil. Sie sind Chance und Angebot. Der Weg durch das Leiden, der Wille, die schwere Stunde überstehen zu wollen – all das sind zugleich auch Wege der Reinigung. Nicht so sehr von „Schuld“, wohl aber von problematischen Fixierungen, Schwerpunktsetzungen und Prioritäten. Wer sein Leid zu tragen versucht hat – nicht als der strahlende Held, sondern durchaus mit Tränen und Zusammenbrüchen –, wird aufmerksam für bislang verborgene Momente seines Lebens. Unter den vielen Schichten des Alltags, unter all dem, was sich so angesammelt hat und den Blick nimmt, kommt das Wesentliche zutage. Das, was mich trägt und ausmacht – wo anders zeigt es sich als dort, wo ich schwere Tage zu durchleben habe? Wenn ich ein schweres Schicksal erleide, ändert sich das Wertesystem meines Lebens, und ich beginne, neue Prioritäten zu setzen. Was ist (noch) wirklich wichtig? Im Moment des Leidens selber bin ich dafür blind. Aber nachdem ich gelitten habe, gekreuzigt und begraben wurde, kann ich das, was mir im Leiden aufgegangen ist, wie das Licht des Ostermorgens in meinem Leben begreifen.

Impuls Ich möchte mir die Knotenpunkte meines Lebens bewusst machen und nehme ein Stück Paketschnur zur Hand. Beginnend bei meinem Lebensanfang knote ich überall dort, wo ich Leid und Schmerz ertragen musste und durchgestanden habe, einen Knoten in meinen „Lebensfaden“. Durch die Dicke der Knoten deute ich an, wie schwer diese Station meines Lebens für mich wiegt. Diese Knotenschnur meines Lebens trage ich einige Zeit bei mir und lasse sie mir immer wieder durch die Finger gehen. Was habe ich lernen müssen? Was habe ich lernen dürfen?

22. Tag

Purgatio – das Geschenk der Barmherzigkeit

Wort der Schrift Doch es wird ein Unheil über dich kommen, das du nicht wegzaubern kannst. Dann stell dich hin mit deinen beschwörenden Formeln und mit deinen vielen Zaubersprüchen, mit denen du dich seit deiner Jugend abgemüht hast. Vielleicht kannst du dir helfen, vielleicht das Unglück verscheuchen. Du hast dir große Mühe gemacht mit deinen vielen Beratern; sollen sie doch auftreten und dich retten, sie, die den Himmel deuten und die Sterne betrachten, die dir an jedem Neumond verkünden, was kommt. Wie die Spreu werden sie sein, die das Feuer verbrennt. Sie können sich nicht retten vor der Gewalt der Flammen. Das wird keine Glut sein, an der man sich wärmt, kein Feuer, um das man herumsitzt. (Jes 47,11-14)

Wort in den Tag Ein Wort, das Karl Rahner gesagt haben soll, begleitet mich seit vielen Jahren. Gefragt, ob er an das glaube, was man gemeinhin mit „Fegefeuer" bezeichne, soll er gesagt haben: „Ich kann doch nicht eine Ewigkeit lang traurig grüßend an dem vorübergehen, der ich hätte werden können." Die Vorstellung, sich einer Reinigung, einem Purgatorium zu überlassen, fällt mir schwer. Wer gibt sich schon gern aus der Hand? Und selbst wenn Feuerkessel und Flammenmeere eher innerpsychisch geschürten volkstümlichen Bildern entspringen und mehr Hieronymus Bosch als Bibel sind, so bleibt doch die Frage, ob sich am Ende meiner Geschichte alles wird gutheißen lassen, was gewesen und geworden ist. Wer weiß, vielleicht habe ich viele Talente ein Leben lang vergraben und mit Pfunden nicht gewuchert, mit denen ich hätte wuchern können? Vielleicht bin ich mit dem, was ich mir und anderen schuldig geblieben bin, weitaus schuldiger geworden als mit manchem, was ich getan habe? Wir müssen ein Leben lang lernen, dass wir vor uns selber nicht davonlaufen können. Und auch wenn ich an einen barmherzigen und gnädigen Gott glaube, so ist doch auch klar, dass er mich am Ende nicht einfach „raushaut", um es in der Jugendsprache zu sagen. Täte er es, was wäre dann mit meiner

Freiheit und Selbstverantwortlichkeit? Wie immer das „Purgatorium“ aussehen mag, es ist das große Geschenk der Barmherzigkeit, der zu werden, der ich hätte werden können. Und das, obwohl meine Geschichte zu ihrem Ende gekommen ist. Dabei geht es wie bei vielen existentiellen letzten Dingen nicht um eine punktuelle Reinigung am Ende meines Lebens. Es gibt die vielen „Fegefeuer“ des Alltags, die glühende Kohlen auf mein Haupt sammeln und mir heiß werden lassen. Dies hätte ich tun können – und habe es versäumt. Der hätte ich werden können – und bin doch ein anderer geworden. Den Weg hätte ich wählen können – und bin doch jenen gegangen. Gottes Barmherzigkeit will uns jedoch nicht gewaltsam verändern. Es kann nicht im Sinne Gottes sein, uns umschmieden und ummodeln zu wollen. Aber vielleicht wäre – in heutigem Sprachgebrauch formuliert – sein Anliegen, uns zu optimieren. Ihm, der mich aus Erde geformt hat, der mich kunstvoll gewoben hat im Schoss meiner Mutter, ihm und seiner neuschöpfenden Kraft kann ich auch mein gelebtes Leben in die Hände legen. Sein Wille geschehe.

Impuls Ich nehme mir Zeit, mich im Spiegel anzuschauen. Die Geschichte, die mir das Leben in meine Züge eingeschrieben hat, beginne ich zu entziffern. Wie schaue ich mich an? Barmherzig? Liebevoll? Oder gehe ich mit mir ins Gericht? Mag ich den, der mir da entgegenschaut, nicht leiden? Wie, glaube ich, schaut Gott mich an? Wenn ich Zeit und Lust habe, schreibe ich mir auf, was mir durch den Kopf gegangen ist, als ich mir in die Augen gesehen habe.

Du Quell des Lichts, Licht und Ursprung des Lichts,
du Gütiger, sei unsern Bitten nah,
da nun das Dunkel der Schuld vertrieben,
erfüll' uns dein Licht.

aus: Luminis fons; Alkuin †804

Der Weg
der Erleuchtung
4. Fastenwoche

23. Tag

Der Weg der Erleuchtung

Wort der Schrift Gesegnet sei er, der kommt im Namen des Herrn. Wir segnen euch, vom Haus des Herrn her. Gott, der Herr, erleuchte uns. Mit Zweigen in den Händen schließt euch zusammen zum Reigen, bis zu den Hörnern des Altars.

(Psalm 118,26-27)

Wort in den Tag ‚Ich hatte eine Erleuchtung', so hört man es oft, wenn Menschen ein Licht aufgegangen ist, wenn sie mit einem Male etwas verstanden haben oder ihnen eine Idee zur Lösung eines Problems gekommen ist. ‚Ich hatte eine Erleuchtung', das könnte auch ein Satz sein, den viele Gläubige in der Geschichte der Religionen immer wieder gesagt haben; nämlich genau dann, wenn sie die Erfahrung Gottes gemacht oder sie eine Ahnung von ihm erhalten haben. Erleuchtung ist ein Schritt innerhalb des theoretischen Versuches mancher Theologen in der Vergangenheit und Gegenwart, die geistliche und insbesondere mystische Erfahrung zu systematisieren und zu begreifen. Die Reinigung, die Befreiung von den Sünden durch Askese und sittliche Tugenden, geht der Erleuchtung voraus. Auf die Erleuchtung, die Erkenntnis und Ahnung Gottes in den Spuren der Schöpfung oder in mir selbst, erfolgt die Vollendung, die Begegnung mit dem Göttlichen.

Dieser Dreischritt ist wie viele andere Versuche in der Geschichte ein Hilfsmittel, um zu begreifen, wie Glaubens- und mystische Erfahrung aussehen können. Oft laufen die Schritte parallel und sind gar nicht so klar voneinander zu trennen. Und vor allem geschehen sie auch nicht schematisch oder gar automatisch. Gott lässt sich nicht in ein Schema pressen. Liebe lässt sich nicht erklären oder systematisch darlegen. Sie ereignet sich, oftmals genau dann, wenn ich es gar nicht erwarte.

Ich hatte eine Erleuchtung. Das ist ein schönes Bild für das geistliche Leben, ob es nun eine Stufe innerhalb eines Prozesses ist oder nicht. Sinnenhaft wird mir bewusst, wie Gott sich in der Schöpfung und Welt zeigt. Sinnbildlich zeigt er sich mir in den

Spuren der Welt. Ich kann ihn theoretisch suchen, ihn im Gebet anflehen und bitten. Ich kann versuchen, ihm mit den Schriften der Väter oder dem Evangelium auf die Spur zu kommen. Doch er zeigt sich mir über die Sinne: ich fühle, spüre ihn oder sehe seine Spuren. Und so werde ich erleuchtet, jetzt in diesem konkreten Moment. Es ist wie ein tiefes ‚Ergriffen-Werden' von einem Naturphänomen oder von einer Liebeserfahrung. Es erleuchtet mich. Mir geht ein Licht auf. Die Erfahrung ergreift mich im Innersten und verwandelt mich. Vielleicht habe ich lange nach der Erleuchtung gesucht, vielleicht entdecke ich erst im Geschehen, dass ich sie gesucht habe.
Immer wieder gibt es in meinem Leben Momente, in denen mir ein Licht aufgeht. Gibt es sie auch in meinem Glaubensleben?

Impuls ‚Ich habe eine Erleuchtung.' Ich nehme ein Blatt Papier zur Hand und unterteile es in drei Spalten: die erste überschreibe ich mit Gott/Glauben, die zweite mit Beziehungen/Begegnungen, die dritte mit Beruf/Alltag.
Ich trage in die jeweiligen Spalten Ereignisse ein, in welchen mir ein Licht aufgegangen ist und an die ich mich erinnere.

24. Tag

Die Entzündung des Geistlichen

Wort der Schrift Erinnert euch an die früheren Tage, als ihr nach eurer Erleuchtung manchen harten Leidenskampf bestanden habt. [...] Werft also eure Zuversicht nicht weg, die großen Lohn mit sich bringt. Was ihr braucht, ist Ausdauer, damit ihr den Willen Gottes erfüllen könnt und so das verheißene Gut erlangt. (Hebr 10,32.35-36)

Wort in den Tag Am Beginn, in der Mitte und sogar noch am Ende des Weges der Erleuchtung steht die Anstrengung. Um mir selbst oder gar Gott begegnen zu können, muss ich zunächst einmal mich bereiten und einstimmen. Verschiedenste Möglichkeiten stehen mir dabei zur Verfügung: das Fasten zum Beispiel, das meinen Körper entschlackt und mich wieder auf das Wesentliche und Notwendige in meinem Leben verweist. Ich werde frei, stelle mit einem Male fest, wie leicht es nach anfänglichen Schwierigkeiten ist, auf bislang Selbstverständliches zu verzichten – und wie befreiend es gleichzeitig auch sein kann. Das trifft auf jeglichen Verzicht zu. Andere Möglichkeiten, mich auf die Begegnung mit mir und Gott einzustimmen, können das Gebet oder die Meditation sein. Da gibt es unzählige Beispiele in der Tradition. Doch eines ist dabei immer wichtig: um das Feuer der Liebe in mir zu entzünden, um mich vom Feuer der Begegnung mit Gott anstecken zu lassen, sind Anstrengung, Mühe und immer neue Einübung vonnöten. Bin ich dann einmal mir selbst oder Gott begegnet, kann ich diese Begegnung nicht festhalten oder konservieren. Ich muss mich wieder von neuem einüben, so dass die Reinigung und Erleuchtung eigentlich immer wieder zwei Seiten der einen Medaille sind.
Der Starez Theophan (1815-1894) beschreibt diesen Prozess des Geistlichen mit folgenden Worten:
„Nun möchte ich euch erklären, wie ihr in eurem Herzen eine immerbrennende Flamme entzünden könnt. Stellt euch vor, wie in der Physik Wärme erzeugt wird: Man reibt zwei Holzstücke gegeneinander; dabei entsteht zuerst der Funke, dann das

Feuer. Oder noch einfacher: man setzt einen Gegenstand der Sonne aus: er erwärmt sich bei genügender Konzentration der auffallenden Sonnenstrahlen, und schließlich entzündet er sich. Auf gleiche Weise entsteht die geistliche Wärme: Kampf und asketisches Bemühen bringen die nötige Reibung hervor; das innere Gebet setzt die Seele dem Einfluss der göttlichen Sonne aus. Das Feuer kann durch asketisches Bemühen in unsrem Herzen entzündet werden; aber dieses Bemühen allein bringt das Herz nicht leicht zum Brennen. Zu viele Hindernisse verdunkeln den Weg."[3]

Verzicht und Gebet, Anstrengung und Befreiung gehen Hand in Hand, und das Ergebnis, die Begegnung, habe nicht ich im Griff; sie wird mir vielmehr geschenkt. So gilt es letztlich in allem asketischen Bemühen, in allen Formen von Verzicht und Anstrengung, Gebet und Loslassen darum, die Aufmerksamkeit und Offenheit zu schulen sowie den Weg zu bereiten. Alles andere wird mir geschenkt.

Impuls Was sind meine Formen, mich auf die Begegnung mit mir selbst und/oder mit Gott vorzubereiten?

Ich nehme mir eine Viertelstunde Zeit, setze mich an einen ruhigen Ort, verweile und versuche, einfach nur da zu sein, ganz aufmerksam in mich hinein zu horchen und den Alltag Alltag sein zu lassen.

Meine Erfahrungen schreibe ich auf.

25. Tag

Erfüllt werden mit dem lichtvollen Ja Gottes

Wort der Schrift Alles, was aufgedeckt ist, wird vom Licht erleuchtet. Alles Erleuchtete aber ist Licht. Deshalb heißt es: Wach auf, du Schläfer, und steh auf von den Toten, und Christus wird dein Licht sein. Achtet also sorgfältig darauf, wie ihr euer Leben führt, nicht töricht, sondern klug. Nutzt die Zeit.
(Eph 5,13-15)

Wort der Schrift Die Symbolik des Lichts spielt im griechisch-byzantinischen Bereich eine große Rolle. In immer neuen Hymnen wird Christus als das Licht der Welt gepriesen, aber auch Maria als schimmernder Leuchter bezeichnet oder die Heiligen und Engel als Gefäße des Lichtes besungen.
Symeon der Neue Theologe (949-1022) hat als Zwanzigjähriger, wie er selbst berichtet, seine erste Vision Gottes als das Licht. Viele weitere Visionen und Erleuchtungen folgen. In seinen vielen Predigten und Aussprüchen hebt er das jedoch nicht als etwas Besonderes und Einzigartiges hervor. Für Symeon ist die Erleuchtung von jedem Christen zu erreichen. Sie sollte das Ziel eines jeden Christen sein, denn sie führt zur Selbsterkenntnis und zur Demut, der Grundtugend geistlichen Lebens. Die Erleuchtung selbst liegt in der Schau Gottes. Sie ist das ‚geistliche Innewerden der ständigen Nähe und Liebe Gottes im Menschen'. Der Mensch wird damit sozusagen mit göttlichem Licht erfüllt.
Er schreibt:
„Mönch ist, wer sich nicht mit der Welt einlässt und immerdar bei Gott weilt. Er schaut ihn und wird geschaut; er liebt ihn und wird geliebt. So wird er Licht, in solcher Fülle leuchtend, dass Worte es nicht zu fassen vermögen. Obwohl gerühmt, hält er sich mehr für einen Bettler, und obgleich mit vielen in guter Nachbarschaft verbunden, lebt er doch wie ein Gast und Fremdling."[4]
Der Mönch war in der alten Kirche im Osten die Verkörperung

des christlichen Ideals. Doch Mönchsein bedeutete soviel wie ‚entschiedener Christ sein'. Wenn man das zugrunde legt, dann sprechen diese Worte auch für mich heute noch, ob Mönch oder nicht, eine deutliche Sprache. Wenn ich dem Wort und Beispiel Jesu glaube, dann ist es mein Ziel, zur Erleuchtung zu kommen, zur Schau und zum Spüren Gottes in meinem Alltag. Dieser Weg zur Erleuchtung hat Konsequenzen, nämlich: Jesus Christus nachfolgen, wie er die Beziehung zu Gott pflegen, um so Licht zu werden; wie ein Gast und Fremdling auf der Erde zu sein, weil ich weiß, dass meine Heimat und das Ziel meines Lebens die Grenzen von Leben und Tod durchbrechen. So werde ich Licht, in solcher Fülle, dass Worte es nicht zu fassen vermögen. Durch und durch von Jesus geprägt sein, ihn im Alltag, in den Menschen, die mir begegnen, zu sehen und zu helfen, das ist der Weg zur Erleuchtung.

Impuls Das geistliche Innewerden der ständigen Liebe Gottes in meinem Leben und im Menschen – spüre ich diese Liebe Gottes? Das bedeutet aus der Tiefe heraus ein Ja zu mir selbst und zum anderen zu spüren und zu leben.
Ich nehme mir eine Viertelstunde Zeit, in der Kirche oder einem ruhigen Ort. Dort spreche ich mit dem Ein- und Ausatmen jeweils nur das Wort Ja. Ich spreche es mir zu und nehme es in mich auf.

26. Tag

Das Strahlen des Schweigens

Wort der Schrift Der Herr aber wohnt in seinem heiligen Tempel. Alle Welt schweige in seiner Gegenwart. (Hab 2,20)

Wort in den Tag „Die ganz klare, einfältige und einförmige Beschauung des Geistes in Gott, die auf jenes eine göttliche Dunkel und das aus ihm strahlende, ewige, unendliche Licht gerichtet ist, bedarf nicht nur des Schweigens des Mundes, sondern auch des Geistes. Schweigt der Mund, so kann im Innern der Geist durchaus tätig sein, mit wechselnden Gedanken und Erwägungen beschäftigt."[5]

Diese Worte des geistlichen Autors Kallistos Kataphygiotes (14./15. Jh.) aus der Ostkirche zeigen eine Notwendigkeit des geistlichen Weges auf, die für die Erleuchtung und Begegnung mit Gott unerlässlich ist: das Schweigen.

Schweigen bedeutet in diesem Kontext nicht einfach nur ein Still-sein. Es ist mehr als ein Abschalten des Lärmes, der mich umgibt. Schweigen ist mehr als Ruhe und Stille, die Voraussetzungen zum Schweigen sind. Ruhe und Stille können Entspannung bringen, die dem Geist gut tut. Schweigen jedoch ist eine Beziehungskategorie, wie auch aus den Aussagen von Kallistos Kataphygiotes ersichtlich wird. Es ist ein Verstummen, ein Schweigen des Mundes. Worte sind nicht notwendig, sie sind störend und gefährlich. Doch dem Schweigen des Mundes muss ein Schweigen des Geistes korrespondieren, damit es zur Begegnung kommen kann. Das ist eine Erfahrung, die sicherlich schon viele gemacht haben. Wenn es einen Raum der Stille gibt, wenn ich es geschafft habe, endlich einmal eine Zeit und einen Ort für mich zu finden, an dem es ruhig ist, dann kann es innerlich doch noch so ganz anders aussehen. Äußere Ruhe und äußeres Schweigen können die Gedanken im Innern so richtig entzünden und es stellt sich alles andere als Ruhe ein. Gedanken, Erinnerungen, Überlegungen treiben mich um, obwohl ich doch nur ganz still werden wollte. Viele Menschen machen eine solche Erfahrung im Gebet, oft sogar im Psalmengebet, bei

dem durch das gleichförmige längere Beten der Psalmen der Betende in den Rhythmus einschwingt, doch irgendwann einmal feststellt, dass sich die Gedanken in eine ganz andere Richtung bewegen als das Gebet. Ruhe und Stille können eine innere Unruhe bewirken. Der geistliche Autor Kataphygiotes beschreibt in seinen Ausführungen zur Gottesbegegnung, dass auch die inneren Stimmen, dass auch die Gedanken verstummen müssen, damit Begegnung stattfinden kann. Und auch das dürfte nicht fremd sein: Wie sehr können Gedanken, die mich umtreiben, mich daran hindern, dem Anderen, mir selbst oder Gott in diesem Augenblick ungeteilt zu begegnen. Doch will ich dem göttlichen Dunkel und dem strahlenden ewigen Licht begegnen, dann muss ich es ungeteilt tun.
Schweigen ist eine Beziehungskategorie oder mit anderen Worten ausgedrückt: einen Augenblick auf sich selbst, die eigenen Wünsche, Pläne und Gedanken zu verzichten und ein großes Du sagen. Sich einen Augenblick lieben und entzünden lassen.

Impuls Ich übe mich in Stille und Ruhe ein, indem ich mir täglich oder in einem gewissen Rhythmus 15 Minuten Zeit lasse. Ich versuche darin, zu verstummen und zu schweigen, indem ich die Gedanken kommen und gehen lasse und sie nicht festhalte. Ich übe Stille und Ruhe, ohne zu denken, im simplen Dasein.

27. Tag
Lichtgestalten des Glaubens

Wort der Schrift Denn Gott ist es, der in euch das Wollen und das Vollbringen bewirkt, noch über euren guten Willen hinaus. Tut alles ohne Muren und Bedenken, damit ihr rein und ohne Tadel seid, Kinder Gottes ohne Makel mitten in einer verdorbenen und verwirrten Generation, unter der ihr als Lichter in der Welt leuchtet. Haltet fest am Wort des Lebens.

(Phil 2,13-16a)

Wort in den Tag Es gibt so etwas wie Lichtgestalten im Leben eines jeden Menschen; Menschen, die faszinierend sind, von denen etwas ausgeht, was mir in meinem Leben hilft oder mich beeindruckt. Es gibt Lichtgestalten im öffentlichen Leben. Man spricht von einer Lichtgestalt in einer Sportmannschaft, die so etwas wie einen Hoffnungsschimmer und eine rosige Zukunft verheißt. ‚Mit dem Spieler können wir Großes vollbringen'.
Lichtgestalten gab es immer wieder in der Geschichte des Christentums, nämlich die Heiligen. Die vielen Menschen, die selig oder heilig gesprochen wurden oder die nicht ausdrücklich benannt für viele Heiligkeit ausgestrahlt haben. Es waren und sind dies Menschen, die ihr Leben ganz in die Nachfolge Jesu gestellt haben und dort, wo sie lebten, das Evangelium gegenwärtig werden ließen. Unterschiedlichste Aspekte des christlichen Lebens wurden und werden durch diese Lichtgestalten hervorgehoben: die Nächstenliebe, das Gebet, die Einfachheit und Demut, die Leidenschaft und Strenge, die Entschiedenheit und Liebe, die Kontemplation und Politik. Solche Lichtgestalten des Glaubens braucht das Christentum; Menschen, die mit ihren Möglichkeiten und Grenzen deutlich machen, dass es sich trotz allem lohnt, den Weg des Glaubens und den Weg der Erleuchtung zu suchen.
Im Kanon des Johannes Monachos stehen unter anderem folgende Zeilen innerhalb eines Hymnus: „Dich, schimmernder Leuchter und Gottes Mutter, hellstrahlende Herrlichkeit, erhaben über alle Gebilde, in Hymnen erheben wir dich.

Deinem strahlenden und über alles herrlichen Tag, o Christus, der lichtvollen Gnade, in der du strahlend in Schönheit zu deinen Jüngern hintratst, sagen wir Preis."[6]

Hier wird die erste, große Lichtgestalt des Glaubens in besonderer Weise hervorgehoben: Maria. Immer wieder schauen Menschen zu ihr. Die Mutter Jesu ist Vorbild in ihrer Bereitschaft, sich auf den Willen Gottes, der sie sicherlich zunächst sehr verunsichert hat, einzulassen. Sie ist es auch, die sich am Ende unter dem Kreuz finden und ihren Gottessohn bis zum bitteren Ende nicht im Stich lässt: eine Lichtgestalt, die das Magnifikat singt, in welchem sie Gottes Größe rühmt und seine Wundertaten besingt. Sie ist im Hymnus der schimmernde Leuchter und die hellstrahlende Herrlichkeit. Durch die Lichtgestalt Maria scheint in ganz besonderer Weise das Geheimnis unseres Glaubens: die Menschwerdung Gottes. Durch sie preisen wir Christus.

Lichtgestalten finden und sich an ihnen orientieren – das Kirchenjahr lädt uns immer wieder, Tag für Tag, dazu ein. Lichtgestalten geben unserem Leben Halt: die Lichtgestalten des Glaubens und die Lichtgestalten meines Alltags.

Impuls Welche Gestalt ist mir im Alltag Lichtgestalt? Welche Heiligenfigur ist mir Lichtgestalt? Wie ist meine Beziehung zu Maria?

Bin ich vielleicht selbst Lichtgestalt für manche Menschen, weil ich ihnen viel bedeute und ihr Leben mit Licht erfülle?

28. Tag
Das reinigende Licht Gottes

Wort der Schrift Die Schönheit der Höhe, das klare Firmament und der gewaltige Himmel sind ein herrlicher Anblick. Die Sonne geht auf und erglänzt in vollem Licht, ein staunenswertes Gestirn, das Werk des Höchsten. Steht sie in der Mittagshöhe, versetzt sie die Welt in Glut, wer hält es aus in ihrer Hitze? Ein brennender Schmelzofen ist das Kunstwerk des Gießers, der Pfeil der Sonne setzt Berge in Brand; ihre Feuerzunge verbrennt das bewohnte Land, ihr Licht versengt das Auge. Ja, groß ist der Herr, ihr Schöpfer, sein Wort lässt seinen Helden erstrahlen.

(Sir 43,1-5)

Wort in den Tag Licht kann den Augen sehr wehtun. Wenn ich aus längerer Dunkelheit in das Licht trete oder wenn ich aus dem Schlaf aufwachend in eine helle Lampe schaue, dann kann das direkt schmerzen. Licht, insbesondere grelles Licht, kann den Augen Schaden antun. Gleichzeitig aber hat Licht auch so etwas wie eine klärende, manchmal sogar reinigende Funktion. Etwas ist ans Licht geholt worden. Damit ist es seiner Zweifelhaftigkeit und Dunkelheit beraubt.
Ähnlich sieht es Hildegard von Bingen (1098-1179) in einer ihrer Visionen. Das göttliche Licht in diesem Fall hat eine reinigende Funktion. Es klärt auf, es bereinigt und lässt den Menschen so vor Augen erstehen, wie er wirklich ist: ein Geschöpf Gottes. So wie er ist, ist er von Gott gewollt.
Hildegard bezieht dieses Bild sogar auf die Sünden, indem sie davon schreibt, dass Gott die Sünden in lichte Herrlichkeit auflöst und damit den Menschen als den erscheinen lässt, der er ist: ein von Gott geliebtes Wesen, trotz und in all seiner Sünde.
Wie wohltuend sind doch solche Worte. So oft und immer wieder wird der Finger auf die Sünde des Menschen gelegt: auf meine Unvollkommenheiten, auf meine Fehler, auf mein sündiges Verhalten, das ich oftmals bereue, dem ich mich aber auch nicht entziehen kann. Ich bin und bleibe nun einmal sündig, weil ich ein Mensch bin, mit Leidenschaften und Schwächen.

Doch in ihrer Vision, und darin ist Hildegard ungemein biblisch, berichtet sie davon, wie genau diese Sünde in lichte Herrlichkeit umgeformt wird:
„Und wieder hörte ich zu mir sagen: ‚Sprich nun, wie du belehrt worden bist. Ich will, dass du redest, obwohl du Asche bist. Sprich offen über das Brot, das mein Sohn ist. Er ist das Leben in feuriger Liebe. Er erweckt nämlich jeden Toten an Seele und Leib und lässt die leichtfertig begangenen Sünden in huldvoller Hoheit nach. Er selbst beginnt als Heiligkeit im Menschen zu erstehen, bevor sie in ihm entfacht wird."[7]
Ist das nicht auch die Erfahrung, die viele Menschen in der Beichte machen? Da erzähle ich einem Menschen von den Dunkelheiten meines Lebens, die sicherlich mit Abstrichen immer wieder dieselben sind, und mir wird Vergebung und Liebe zugesagt. Mir wird an dieser Stelle die bedingungslose Liebe Gottes zu mir zugesagt: ‚Deine Sünden sind dir vergeben'. Vielen erscheint in diesem Augenblick ihr Leben und ihre Sünde auf einmal in lichter Herrlichkeit, um mit den Worten der hl. Hildegard zu sprechen. Dieser Gott ist Leben in feuriger Liebe. Und er erweckt jeden, der daniederliegt, auch mich. Durch ihn ersteht in mir das Licht des Lebens, das feurige Leben der Liebe und Leidenschaft – einer Leidenschaft, die auch einmal über das Ziel hinausschießen darf.

Impuls Ich gestehe mir ein, was mir schwer zu schaffen macht: meine Fehler, meine Schwächen, meine Sünden. Ich bitte Gott um Vergebung. Ich vertraue mich ihm an, vielleicht auch im Gespräch mit einem lieben Menschen, vielleicht auch in der Beichte.

Du Gott des Lichts, dem Vater gleich,
du Licht, dem unser Licht entspringt,
du ew'ger Tag: Hör unser flehn,
das aus der Nacht zum Himmel dringt.

Entreiße uns der Finsternis
und alle Angst der Erdennacht,
streif ab von uns die Müdigkeit,
die uns zum Guten träge macht.

Du, Christus, bist das Licht der Welt,
der Gott, dem gläubig wir vertraun,
auf den im Dunkel dieser Zeit
wir alle unsere Hoffnung baun.

Aus ganzem Herzen preisen wir
dich, Christus, Herr der Herrlichkeit,
der mit dem Vater und dem Geist
uns liebt in alle Ewigkeit. Amen.

nach: Consors paterni luminis, 7./8. Jahrhundert

Wege ins Licht im Zeugnis der Mystikerinnen und Mystiker

5. Fastenwoche

29. Tag

Jesus Christus – Licht der Herzen (Clemens von Rom)

Wort der Schrift Als Jesus ein andermal zu ihnen redete, sagte er: Ich bin das Licht der Welt. Wer mir nachfolgt, wird nicht in der Finsternis umhergehen, sondern wird das Licht des Lebens haben. (Joh 8,12)

Wort in den Tag Wer ist Jesus Christus? Ist er wirklich der Sohn Gottes? Ist er derjenige, für den es sich lohnt, alles zu verlassen und einen ganz neuen Weg der Umkehr und Nachfolge zu gehen?

Diese Fragen bewegen bis heute immer wieder unzählige Menschen. Eine allgemeingültige und vor allem für alle gleiche Antwort lässt sich nicht finden und geben. Jesus Christus ist und bleibt einzigartig. Die Beziehung zu ihm ist für jeden Menschen einzigartig und unverwechselbar. Die Antwort ergibt sich im Gehen des Weges mit ihm.

Entsprechend unzählig sind die Umschreibungen für Jesus Christus in der Geschichte der Spiritualität. Verschiedenste Bilder und Beziehungskategorien werden gewählt, um Jesus und das Verhältnis zu ihm zu beschreiben.

Für Clemens von Rom († 101) ist Jesus Christus das Licht der Herzen. Er erleuchtet den Menschen, insbesondere in seinen Schwachheiten. Er lässt ihn, in aller Armseligkeit und in allem Leiden, Hoffnung, ja mehr noch Erlösung und Heil schauen. In einer wunderschönen Sprache versucht Clemens dabei nachzuempfinden, wie das vor sich gehen kann:

„Das ist der Weg, Geliebte, auf dem wir unser Heil finden, Jesus Christus, den Hohenpriester unserer Opfergaben, den Anwalt und Helfer in unserer Schwäche. Durch ihn streben wir standhaft nach den Höhen des Himmels, durch ihn schauen wir sein heiliges und erhabenes Antlitz, durch ihn wurden die Augen unseres Herzens geöffnet, durch ihn ringt sich unser unweiser und dunkler Verstand durch zum Licht, durch ihn wollte der Herr uns kosten lassen von dem unsterblichen Wissen, der, ‚da

er der Abglanz ist seiner Majestät, um soviel größer ist als die Engel, um wieviel sein Name sich unterscheidet, den er erhalten hat'. Es steht nämlich geschrieben: ,Der Geister zu seinen Boten macht und Feuerflammen zu seinen Dienern'."[8]
Er erleuchtet nicht nur die Herzen derer, die sich von ihm bewegen lassen; mehr noch, er macht sie zu seinen Dienern und stattet diese seine Diener mit Feuerflammen aus. Feurig sollt ihr sein. Mit Leidenschaft und Liebe, glänzend, strahlend und temperamentvoll sollt ihr von dem erzählen, der eure Herzen strahlend macht. Das spricht er auch mir, uns zu.
Markante Worte, die Clemens von Rom benutzt, um seine Beziehung und sein Bild von Christus zu beschreiben. Gleichzeitig sind es aber auch Worte, die aufrütteln und Fragen stellen wollen. Es sind feurige, brennende Fragen, die womöglich schmerzen, weil sie deutlich machen, dass ich immer dem großen Ziel hinterherlaufe, nämlich Gott in und mit meinem Leben zur Sprache zu bringen.

Impuls Clemens von Rom findet das Bild vom Licht der Herzen für Christus und beschreibt den Diener als einen, der Feuerflammen besitzt. Ich nehme mir Zeit und finde meine eigenen Bilder für Jesus Christus; vielleicht ist es das Bild vom Licht, vielleicht ist es ein ganz anderes, vielleicht sind es mehrere. Welche Instrumente gibt mir Christus mit dem Bild, das ich von ihm habe, mit an die Hand? Feuerflammen?

30. Tag

Lichtkreis göttlicher Macht (Hildegard von Bingen)

Wort der Schrift Zu der Zeit, wenn der Herr die Leiden seines Volkes heilt und seine Wunden verbindet, wird das Licht des Mondes so hell sein wie das Licht der Sonne, und das Licht der Sonne wird siebenmal so stark sein wie das Licht von sieben Tagen. (Jes 30,26)

Wort in den Tag Hildegard von Bingen (1098-1179) war nicht nur eine eindrucksvolle Äbtissin und Ratgeberin von Fürsten, Bischöfen und Päpsten. Sie war nicht nur eine Frau, die sich sehr gut in der Kunst der Kräuter und Heilung auskannte, auf die sie leider heute allzu oft in der Betrachtung reduziert wird. Hildegard von Bingen war vor allem eine Frau, die aufgrund mystischer Erfahrungen und aufgrund ihrer Gottesbegegnungen Visionen hatte. Viele sind uns heute unverständlich, viele aber auch aufgrund ihrer poetischen und sehr bildreichen Sprache wiederum sehr zugänglich. In ihren Visionen geht es immer wieder um die Schau Gottes. Gott zeigt sich ihr im Licht. Gott leuchtet, wie er ihr auch im Leben immer wieder leuchtet und den Weg zeigt. Für sie ist Gott kein Gott der Toten, sondern ein Gott der Lebenden, ein Gott, der Leben schenkt und Leben teilt. In einer ihrer Visionen sitzt der Lebendige auf einem Stein von unvorstellbaren Ausmaßen. Über diesem Stein ist eine glänzendweiße Wolke, auf der sich wiederum ein Königsthron befindet.

„Deshalb thront auf ihm ein lebendiges Wesen, das von wunderbarer Herrlichkeit leuchtet. Es strahlt von solcher Helligkeit, dass du es nicht genau betrachten kannst. In seiner Brust trägt er gleichsam einen schwarzen schmutzigen Lehmklumpen von der Größe des Herzens eines erwachsenen Menschen. Er ist von Edelsteinen und Perlen umgeben. Es ist der lebendige Gott […] Dass du aber siehst, wie von dem auf dem Thron Sitzenden ein großer goldener Lichtkreis wie Morgenrot ausgeht, dessen Umfang du gar nicht ermessen kannst, bedeutet: Vom allmächtigen

Vater dehnt sich die stärkste Gewalt und sein kraftvollstes Werk aus, das alles in seiner Macht umfasst, mit der er in seinem Sohn wirkt."[9]
Das göttliche Licht umgibt ein Lichtkreis göttlicher Macht, der in seiner Größe nicht zu begreifen ist. Gott ist der unermesslich Große, der ganz Andere, und dennoch nicht der Dunkle und Geheimnisvolle, vielmehr der, der alles ins rechte Licht rückt, was sich ihm nähert. Er ist der, der Licht und damit Leben schenkt. Das ist unbegreiflich. Er ist so strahlend, dass er unmöglich in voller Klarheit anzuschauen ist.
Hildegard selbst versteht sich als die Posaune Gottes, als Prophetin, die getreu wiedergibt, was Gott ihr in der Schau und Vision schenkte. Ihre Visionen sind geprägt von der Freiheit des Menschen, eingebettet in die göttliche Vorsehung. Gleichsam wie ein Licht umgibt diese den Menschen, sie prägt und trägt ihn.
Wie schön wäre es, so mag manch einer denken, wenn auch mir solche Visionen und Gewissheiten geschenkt würden: die Gewissheit, dass Gott das Licht meines Lebens ist und alles, was lebt, mit dem Lichtkreis göttlicher Macht umgibt. Doch gibt es nicht solche Erfahrungen in meinem Leben? Gibt es nicht Glückserfahrungen, die alles in einem schönen Licht erscheinen lassen, die manches, was vorher noch düster und grau war, auf einmal erhellen und in einem ungeahnten Glanz erstrahlen lassen? Ist es nicht unfassbar, wie Gott der Erde Leben eingehaucht hat und diese Erde in die Freiheit des Menschen gegeben hat, der ihr Licht oder Dunkelheit verleihen kann?

Impuls Ich lasse das Bild der Hildegard von Bingen auf mich wirken. Ich stelle es mir plastisch vor, vielleicht male ich es auch. Dem Lichtkreis schenke ich besondere Aufmerksamkeit. In diesen Lichtkreis lasse ich mein ganzes Leben Platz finden: die Menschen, Ereignisse und Begebenheiten, die mich geprägt haben. Ich danke Gott für all sein Licht in meinem Leben.

31. Tag

Feuerworte, die vor Liebe strahlen (Mechthild von Magdeburg)

Wort der Schrift Die Stimme des Herrn ertönt mit Macht, die Stimme des Herrn voll Majestät. Die Stimme des Herrn zerbricht die Zedern, der Herr zermschmettert die Zedern des Libanon. Er lässt den Libanon hüpfen wie ein Kalb, wie einen Wildstier den Sirjon. Die Stimme des Herrn sprüht flammendes Feuer, die Stimme des Herrn lässt die Wüste beben, beben lässt der Herr die Wüste von Kadesch. (Psalm 29,4-7)

Wort in den Tag Erst auf Drängen ihres langjährigen Beichtvaters beginnt die Mystikerin Mechthild von Magdeburg (1207/10-1282/1294) ihre Erfahrungen im geistlichen Leben, ihre erstaunlichen Botschaften und Visionen niederzuschreiben. Ihre Aufzeichnungen nennt sie ‚das fließende Licht der Gottheit'. Für sie sind das Wesen und die Offenbarung Gottes mit dem Bild des Fließens am besten zu beschreiben. Obgleich es bei ihr auch die Erfahrung der Nacht und der Dunkelheit gibt, ist Gott doch Licht. In einer sehr erotischen Sprache, angelehnt an die Minnelyrik und an das Hohelied der Liebe aus dem Alten Testament, spricht Mechthild immer wieder in Bildern voller Liebe und Zärtlichkeit von dem Streben nach der beglückenden Erfahrung des Einsseins mit Gott. Sie spricht wahre Feuerworte, indem sie zu beschreiben versucht, was sich der Beschreibung entzieht: die Erfahrung der Liebe und die Erfahrung Gottes. Sie spricht wahre Feuerworte, indem sie keine Grenzen kennt und alles in die Sehnsucht nach Gott mit einbezieht. Sie mahnt, sie deckt auf und entlarvt, sie kritisiert, weil es ihr um die erfahrene und gelebte Sehnsucht Gottes geht. Eine solche Sehnsucht und Liebe kennt keine Grenzen und spricht in Feuerworten, voller Leidenschaft, Sehnsucht, poetischer Kraft und auch Schärfe.

„Herrin, die Engel sind klar
und strahlen von Liebe gar.
Wollt ihr Euch kühlen, so hebt Euch dar!“[10]

Die Erfahrung Gottes und seiner Liebe verwandelt den Betreffenden. Die Begegnung mit Gott lässt klar werden und, wie Mechthild es formuliert, vor Liebe strahlen. Man sieht es demjenigen an, wenn ihn der Glaube trägt, wenn er Glaubenserfahrungen gemacht hat, ja wenn er Gott erspürt hat und ihm begegnet ist. Das hinterlässt Spuren, Liebesspuren. So wie die Liebe zu einem Menschen oft im Gesicht eines anderen ablesbar ist, so hat auch die Liebe zu Gott ihre Auswirkungen. So wird es auch bei Mechthild gewesen sein. Und mehr noch: sie spricht eine andere, eine neue, eine Liebessprache, die strahlt und glänzt. Diese Sprache ist die Sprache der Feuerworte: macht- und kraftvoll, zärtlich und leise, widerständig und klar.

Für mich hat das Konsequenzen, indem ich mich fragen muss, ob auch ich eine solche Sprache spreche oder ob meine Sprache, weil ich der Liebe und ihrer Erfahrung entbehre, eine saft- und kraftlose Sprache ist. Strahle ich vor Liebe? Trägt mich die Erfahrung Gottes und hat sie meine Sprache verändert?

Impuls Ich denke an die Liebeserfahrungen meines Lebens und daran, wie sie mich verändert und geprägt haben.
Ich denke an die Menschen in meinem Lebensumfeld: Wen erfahre ich als strahlend – und mit Feuerworten?

32. Tag

Die Glaubens-Nacht (Dag Hammarskjöld)

Wort der Schrift Darauf kam Jesus mit den Jüngern zu einem Grundstück, das man Getsemani nennt, und sagte zu ihnen: Setzt euch und wartet hier, während ich dort bete. Und er nahm Petrus und die beiden Söhne des Zebedäus mit sich. Da ergriff ihn Angst und Traurigkeit, und er sagte zu ihnen: Meine Seele ist zu Tode betrübt. Bleibt hier und wacht mit mir! Und er ging ein Stück weiter, warf sich zu Boden und betete: Mein Vater, wenn es möglich ist, gehe dieser Kelch an mir vorüber. Aber nicht wie ich will, sondern wie du willst. Und er ging zu den Jüngern zurück und fand sie schlafend. Da sagte er zu Petrus: Konntet ihr nicht einmal eine Stunde mit mir wachen?

(Mt 26,36–40)

Wort in den Tag „Des Glaubens Nacht – so dunkel, dass wir nicht einmal den Glauben suchen dürfen. Es geschieht in der Getsemani-Nacht, wenn die letzten Freunde schlafen, alle anderen deinen Untergang suchen und Gott schweigt, dass die Vereinigung sich vollzieht."[11]

Dag Hammarskjöld (1905-1961) wusste, wovon er sprach, als er diese Worte in sein Tagebuch schrieb. Für den großen Politiker und Generalsekretär der Vereinten Nationen von 1953 bis zu seinem gewaltsamen Tod 1961 war die Einsamkeit ein ständiger Begleiter und Stachel. Bei allem politischen Engagement, bei allen Freundschaften, die er mit vielen Menschen weltweit pflegte, stets war es die Einsamkeit, das letztlich Auf-Sich-Gestellt-Sein, über das er sich immer wieder Gedanken machte und das ihn quälte. Zeit seines Lebens hat dieser so gewandte und engagierte Mann eine Barriere zwischen sich und seinen Mitmenschen empfunden. Einsamkeit nannte er in seinen Tagebuchaufzeichnungen diese Barriere. Diese Einsamkeit löste sich für ihn allein in der Zwiesprache mit Gott auf. Für Hammarskjöld lag der Weg zur Selbstverwirklichung in der Selbsthingabe, oder mit anderen Worten: in der Innerlichkeit, die für ihn ebenso ein Moment von Einsamkeit beinhaltete, fand er die Kraft, Ja zu der

Frage nach Hilfe und Engagement zu sagen, wo immer sie an ihn herangetragen wurde. Der Geist des Evangeliums prägte ihn und ließ ihn nicht mehr los. So fand man auch in seinem Hotelzimmer als letzte Lektüre, bevor das Flugzeug abstürzte, in dem er gesessen hatte, die Nachfolge Christi von Thomas von Kempen, das meistgelesene Buch der christlichen Spiritualitätsgeschichte. Nachfolge, Hingabe und Kreuz prägen diese niederrheinische Schrift aus dem 15. Jahrhundert.
Doch auch in seiner Beziehung zu Gott traf Hammarskjöld immer wieder auf Barrieren, auf einsame Momente, voller Innerlichkeit und doch voller Fragen. Gott antwortete oft nicht, zeigte sich als der so ganz Andere und Unsichtbare. Gott war für ihn immer wieder der Fragwürdige, der, den er suchte, der sich ihm aber immer wieder entzog. So ist für ihn die Nacht in Getsemani, nicht das Licht der Auferstehung, prägend und sprechend. Wenn alle schlafen, wenn selbst Gott schweigt, wenn sich nur noch das Gefühl von Verlassenheit und Einsamkeit einzustellen vermag, dann geschieht die Vereinigung mit Gott – die Glaubensnacht.
Einen Teil davon kann ich vielleicht gut nachvollziehen: Gott, der schweigt; Gott, der sich ausschweigt und so fern ist; Gott, der Fern-Nahe. Wo ist er? Ist er überhaupt? Und gerade hier, in des Zweifels Frage, in des Glaubens Dunkelheit, ereignet sich für Hammarskjöld der Glaube.
Das bedeutet aber, dass im Glauben der schwarze Karfreitag und die leuchtende Osternacht zusammengehören; Nacht und Tag, Finsternis und Licht, Strahlen und dunkle Schwärze.
Doch darf das sein? Darf das in meinem Glaubensleben sein? Muss nicht immer alles glänzend und fraglos sein?

Impuls Ich schließe die Augen und nehme die Dunkelheit wahr. Entgegen dem Reflex, die Augen aufzumachen, lasse ich sie geschlossen. Kenne ich die dunklen Momente des Glaubens? Kenne ich die Erfahrung der Glaubensnacht, von der Hammarskjöld spricht? Ich öffne die Augen, nehme ein Blatt Papier zur Hand und liste auf: Erfahrungen von Glaubensnacht auf der linken, Erfahrungen von hellen Glaubensmomenten auf der rechten Spalte. Mein Resümee?

33. Tag
Der göttliche Strahl der Beschauung (Johannes vom Kreuz)

Wort der Schrift Blinde führe ich auf Wegen, die sie nicht kennen, auf unbekannten Pfaden lasse ich sie wandern. Die Finsternis vor ihren Augen mache ich zu Licht; was krumm ist, mache ich gerade. Das sind die Taten, die ich vollbrachte, und ich lasse davon nicht mehr ab. (Jes 42,16)

Wort in den Tag Wie kaum ein anderer in der Traditionsgeschichte der christlichen Spiritualität hat sich Johannes vom Kreuz (1542-1591) mit der Dunkelheit und dem göttlichen Licht beschäftigt. Immer wieder spricht er von der dunklen Nacht der Sinne. Natürlich fallen dem Leser in diesem Zusammenhang die vielen Dunkelheiten des eigenen Lebens und Glaubens ein, die das Leben und auch den Glauben oft so mühsam und schwer machen. Wozu noch glauben, wenn doch alles fragwürdig und ohne Antwort bleibt?
Doch für Johannes vom Kreuz ist noch etwas ganz anderes mit der dunklen Nacht in Bezug auf den Glauben verbunden. Die Dunkelheit ist kein notwendiges Übel, kein Raum, der nicht sein darf, keine Wirklichkeit, der es so schnell wie möglich zu entfliehen gilt. Dunkelheit kann dazu führen, dass der Mensch gereinigt wird und sich, sämtlicher Vorstellungen beraubt, wieder ganz neu auf das einlassen kann, was Gott will und Leben meint. Die Dunkelheit stellt für Johannes einen Reinigungsprozess dar, der notwendig ist, damit neues Leben entstehen kann, damit das göttliche Licht im Leben aufleuchten kann. So drückt er es mit den folgenden Zeilen aus:
„Genauso macht es der göttliche Strahl der Kontemplation im Menschen. Wenn er mit seinem göttlichen Licht in ihn hineinstößt, übertrifft er damit das natürliche Licht des Menschen und versetzt ihn dadurch ins Dunkel und entzieht ihm alle Wahrnehmungen und alle natürlichen Neigungen, die er zuvor mit Hilfe des natürlichen Lichts erfasste. So lässt er ihn nicht nur dunkel, sondern in Bezug auf seine Seelenvermögen und Be-

strebungen nach geistlichen und natürlichen Dingen auch leer zurück. Indem er ihn auf diese Weise leer und im Dunkeln lässt, läutert und erleuchtet er ihn mit geistlichem Licht von Gott, ohne dass der Mensch daran denkt, dass er Licht hat, sondern dass er im Finstern ist. Es ist wie mit dem Strahl [...]: Obwohl er mitten im Zimmer ist, sieht man ihn nicht, wenn er klar ist und auf nichts trifft. Doch in diesem geistlichen Licht, das in den Menschen hineinstößt, sieht und ersteht er sogleich viel deutlicher als vorher, als er noch im Dunkeln war, wenn es nur etwas gibt, in dem er sich widerspiegeln kann, das heißt, wenn es etwas gibt, woran man – wie klein das Staubkörnchen auch sein möge – geistig die Vollkommenheit oder Unvollkommenheit erkennen oder sich ein Urteil bilden kann, ob etwas falsch oder richtig ist."[12]

Und ist es nicht wahr? Gibt es nicht in meinem Leben auch dunkle Momente, die sich im Nachhinein als sehr lichte, als sehr fruchtbare Momente erweisen? Warum verbinden sich mit Dunkelheit und Nacht vorwiegend negative Momente? Ist es die Angst vor dem Tod, die sich darin zum Ausdruck bringt? Doch ist nicht auch der Tod ein reinigendes Moment, bevor ich in den Lichtkreis Gottes treten darf?

Impuls Ich gehe in die Nacht hinein spazieren und stelle mir die Frage: Habe ich Angst vor der Dunkelheit? Was verbinde ich mit der Dunkelheit? Ist nicht auch die Dunkelheit etwas Wunderschönes: der klare Sternenhimmel, die gute und ruhige Luft, die reinigende Schwärze, die so viele Sinneseindrücke des Tages von mir fernhält?

34. Tag

Der mystische Liebesbrand (Franziskus und Klara von Assisi)

Wort der Schrift Leg mich wie ein Siegel auf dein Herz, wie ein Siegel an deinen Arm. Stark wie der Tod ist die Liebe, die Leidenschaft ist hart wie die Unterwelt. Ihre Gluten sind Feuergluten, gewaltige Flammen. Auch mächtige Wasser können die Liebe nicht löschen; auch Ströme schwemmen sie nicht weg. Böte einer für die Liebe den ganzen Reichtum seines Hauses, nur verachten würde man ihn. (Hld 8,6-7)

Wort in den Tag Feuer und Flamme sein, dieses Bild benutzt man heute vielfach, wenn es um Begeisterung, um Leidenschaft und um eine intim-leidenschaftliche Liebe geht. ‚Sie sind einander Feuer und Flamme'. ‚Ich bin Feuer und Flamme für das Projekt' – immer geht es um eine intensive Beziehung zu einem Ereignis oder einer Person. Die beiden Heiligen Franziskus (1182–1226) und Klara (1194–1253) waren Feuer und Flamme für die Sache Jesu. Beide lebten leidenschaftlich die Nachfolge Jesu in Armut, im Mindersein und im Dienen. Beide verband eine intensive Beziehung, die man vielleicht heute mit ‚Feuer und Flamme-Sein' umschreiben würde. Ihre Freundschaft und Beziehung ist ein Spiegelbild ihrer Beziehung zu Gott, eine Art Sakrament für die Liebe Gottes. Das haben zur damaligen Zeit viele Menschen gespürt. So gibt es verschiedenste Erzählungen über Begegnungen der beiden großen Lichtgestalten christlicher Spiritualität.

In einer Erzählung aus den Fioretti speisen beide gemeinsam in der Brudergemeinschaft von Porziuncola vor den Toren von Assisi.

„Wie sie so in Verzückung mit zum Himmel erhobenen Augen und Händen dasaßen, sahen die Leute von Assisi und Bettona und die aus dem Lande ringsum, wie Santa Maria degli Angeli, das ganze Kloster und der Wald, der damals daran grenzte, in hellen Flammen waren; und es schien, als ob es ein gewaltiges Feuer sei, das Kirche, Kloster und Wald in einem erfasst hätte.

Die Bürger von Assisi liefen daher in großer Eile zur Ebene hinunter, um das Feuer zu löschen, da sie wirklich glaubten, alles brenne. Als sie aber am Kloster anlangten und nichts in Flammen sahen, gingen sie hinein und fanden den heiligen Franziskus und die heilige Clara mit ihrer ganzen Gesellschaft im Geiste in Gott entrückt um jenen einfachen Tisch sitzen. Daraus konnten sie unzweideutig entnehmen, dass es ein göttliches und kein irdisches Feuer gewesen war, was Gott wie ein Wunder hatte erscheinen lassen zum sichtbarlichen Beweis des Feuers der himmlischen Liebe, von der die Seele dieser heiligen Brüder und heiligen Nonnen brannten."[13]

Die Brüder und Schwestern feiern zusammen mit Franziskus und Klara ein Mahl. Alle sind so sehr im Geist und vor allem in der Nachfolge Jesu miteinander verbunden, dass die Bürger von Assisi das spüren. Diese herrliche Erzählung, so ungemein bildlich, verdeutlicht, wie sehr die Brüder und Schwestern, Franziskus und Klara einander verbunden sind. Sie sind Feuer und Flamme, aber nicht füreinander, sondern für die Sache Jesu. Beide erfasst und verbindet eine himmlische Liebe. Ihre Herzen brennen – das spüren die Menschen.

Da stellt sich am Ende dieser Woche unwillkürlich nach all den Gedanken über Erleuchtung und Licht in der Mystik die Frage, ob auch ich Feuer und Flamme bin. Und vor allem: wofür?

Was prägt mein Leben so sehr, was ergreift mich so sehr, dass ich dafür Feuer und Flamme bin? Leidenschaftliche Liebe – wofür empfinde ich sie? Für Gott und sein Evangelium?

Impuls Ich nehme mir Zeit und stelle mir die Frage: Für wen und für was bin ich Feuer und Flamme? Bin ich Feuer und Flamme für das Evangelium?

Du Gott des Himmels, heil'ger Herr,
du hast das hohe Firmament
durch der Gestirne lichte Zier
mit feuerfarbnem Glanz geschmückt.

Du schufst am vierten Schöpfungstag
Der Sonne goldenes Flammenrad,
du gabst dem Monde sein Gesetz,
den Sternen wiesest du die Bahn.

Und wie die Sonne steigt und sinkt,
so wird es Tag, so wird es Nacht;
und Mond und Sterne machen kund
den Wechsel und das Maß der Zeit.

Erleuchte, Herr, auch unser Herz.
Wir sind befleckt; mach du uns rein.
Zerbrich die Ketten unserer Schuld
Und nimm von uns des Bösen Last.

Dies schenk uns Vater, voller Macht,
und du sein Sohn und Ebenbild,
die ihr in Einheit mit dem Geist
die Schöpfung zur Vollendung führt. Amen.

aus: Caeli Deus sanctissime; 7./8. Jahrhundert

Exsultet – Die Nacht wird hell wie der Tag

Karwoche

35. Tag

Aus Schatten ins Licht

Exsultet, der österliche Lichthymnus

In Wahrheit ist es würdig und recht,
den verborgenen Gott, den allmächtigen Vater,
mit aller Glut des Herzens zu rühmen
und seinen eingeborenen Sohn,
unseren Herrn Jesus Christus,
mit jubelnder Stimme zu preisen.
Er hat für uns beim ewigen Vater Adams
Schuld bezahlt und den Schuldbrief ausgelöscht
mit seinem Blut, das er aus Liebe vergossen hat.
Es kommt das heilige Osterfest, an dem das wahre Lamm
geschlachtet wird, dessen Blut die Türen der Gläubigen
heiligt und das Volk bewahrt vor Tod und Verderben.

Wort in den Tag Vom Ende fällt Licht auf den Anfang. Das Ziel deutet die Mühsal des Weges. Am Anfang der Karwoche den österlichen Jubelgesang des Exsultet anzustimmen, macht das Sinn? Noch geht der Weg durch das dunkle Tal des Todes, durch Kreuz und Passion. Aber am Ende des stockfinsteren Tunnels leuchtet das strahlende Osterlicht auf.

Texte aus dem Exsultet, dem Hymnus, den der Diakon in der Osternacht als Lobpreis auf die Osterkerze anstimmt, sollen uns durch die Karwoche führen. Das Exsultet bezeichnet man als ein „Hauptwerk christlicher Poesie". Im fünften Jahrhundert war seine Form schon vollendet. In diesem Lied ist das Heilshandeln Gottes an seinem Volk dargestellt. Der Bogen spannt sich von der Exodusgeschichte, der Befreiung aus der Knechtschaft, bis zur Inkarnation, Passion und Auferstehung Christi. In seiner Wiederkunft am Ende der Zeiten ereignet sich die eschatologische Vollendung. Wie die Israeliten vor dem Racheengel gerettet wurden, weil sie die Türpfosten mit dem Blut des Paschalammes bezeichneten, so wird am „heiligen Osterfest, das wahre Lamm geschlachtet, dessen Hingabe das Volk bewahrt vor Tod und Verderben." Das Osterlamm wird die Schuld Adams

bezahlen und alle Schuldscheine auslösen. Heilsgeschichte wird zur Liebesgeschichte Gottes mit seinem Volk. „Denn Gott hat die Welt so sehr geliebt, daß er seinen einzigen Sohn hingab, damit jeder, der an ihn glaubt, nicht zugrunde geht, sondern das ewige Leben hat." (Joh 3,16)
In der Osternacht vom Karsamstag zum Ostermorgen ist Vigil, heilige Nachtwache. In langen alttestamentlichen Lesungen gedenkt man der großen Taten Gottes an seinem Volk. Es beginnt mit der Schöpfungsgeschichte. In sieben Tagen schuf Gott Himmel und Erde.
Bei einer liturgischen Nachtwache steckten wir in der dunklen Kirche für jeden Tag eine Kerze auf einem siebenarmigen Leuchter an.

> *„Im Anfang schuf Gott Himmel und Erde; die Erde aber war wüst und wirr.*
> *Finsternis lag über der Urflut, und Gottes Geist schwebte über dem Wasser.*
> *Und Gott sprach: Es werde Licht. Und es wurde Licht.*
> *Gott sah, dass das Licht gut war. Gott schied das Licht von der Finsternis,*
> *und Gott nannte das Licht Tag, und die Finsternis nannte er Nacht.*
> *Es wurde Abend, und es wurde Morgen: erster Tag."*
>
> *(Gen 1,1-5)*

Nach dem Schöpfungsbericht hörten wir die sieben Todsünden der zivilisierten Menschheit, wie sie der Verhaltensforscher Konrad Lorenz beschrieben hat: Wir sündigen durch die Verwüstung des Lebensraumes. Wir treiben Raubbau mit den Schätzen der Erde. Wir sündigen durch die Sucht nach Erfolg und Gewinn. Im Wettbewerb machen wir die anderen klein. Wir beklagen den Kältetod der Gefühle und den Verlust jeder Tradition. Nur das Allerneueste hat Geltung, und die Mode beherrscht unser Denken. Wir sündigen durch den Verfall der Ordnung. Wir fragen nicht mehr nach Recht und Gerechtigkeit.

Jedesmal löschten wir wieder eine Kerze, und es wurde stockfinster im Kirchenraum. In die Dunkelheit hinein fragte ein Kind mit seiner hellen Stimme: „Warum ist es wieder so finstere Nacht geworden?“ Wir lasen dann die Erzählungen vom Auszug des Volkes aus Ägypten und von seinem Durchzug durch das Rote Meer. Wir hörten die Prophetenworte aus der Zeit der Babylonischen Gefangenschaft und ihre Verheißungen, dass das Volk befreit wird und nach Jerusalem zurückkehrt: „Ich sammle euch aus allen Ländern und bringe euch in euer Land ... Ich schenke euch ein neues Herz und lege einen neuen Geist in euch. Ich nehme das Herz von Stein aus euerer Brust ... Ihr werdet mein Volk sein, und ich werde euer Gott sein.“ (vgl. Ez 36,18-28). Nach den Lesungen zogen wir nach draußen und entzündeten ein großes Osterfeuer. Das neue Licht, das unsere Finsternis vertreibt, ist Christus, der am Ostermorgen mit der aufgehenden Sonne vom Tod erstanden ist.

Gebet
Die Schatten der Schuld verdunkeln mein Leben.
Ich bekomme Druckstellen von der Last der Vergangenheit.
Nimm das Herz aus Stein aus meiner Brust,
schenke mir ein neues Herz,
und leg einen neuen Geist in mich hinein.
Dann lass mich tanzen
vom Schatten ins Licht.

36. Tag

Ein Königreich für eine Kerze

Exsultet

*In dieser gesegneten Nacht, heiliger Vater, nimm an
das Abendopfer unseres Lobes, nimm diese Kerze entgegen
als unsere festliche Gabe! Aus dem köstlichen Wachs
der Bienen bereitet, wird sie dir dargebracht
von deiner heiligen Kirche durch die Hand ihrer Diener.
So ist nun das Lob dieser kostbaren Kerze erklungen,
die entzündet wurde am lodernden Feuer zum Ruhme des
Höchsten. Wenn auch ihr Licht sich in die Runde verteilt hat,
so verlor es doch nichts von der Kraft seines Glanzes.
Denn die Flamme wird genährt vom schmelzenden Wachs,
das der Fleiß der Bienen für diese Kerze bereitet hat.*

Wort in den Tag Das Licht der Kerze hat Geschichte gemacht. Es hat gebrannt in Kathedralen und in Königsschlössern; es hat geleuchtet in Armenhütten und in den Schlupfwinkeln Verfolgter. Das Licht der Kerze ist schwach, aber wenn sie umfällt, steckt sie das Haus in Brand. Die heiligste aller Kerzen ist die Osterkerze. Sie und die Lichtfeier in der Osternacht haben ihre Wurzeln in den Traditionen der alten Kirche. Schon im 4. Jahrhundert versammelten sich die Christen in Rom im Dunkel der Nacht. Am Anfang der Schöpfung stand das Dunkel des Nichts und das Chaos. Aus ihm wurde durch Gottes Schöpferwort „Es werde Licht" die Fülle des Kosmos. Im Dunkel des Grabes wartet mit dem gekreuzigten Christus die Schöpfung auf ihre Neugeburt im Zeichen des Lichtes. Im Glaubensbekenntnis bekennen wir Christus als „Abglanz des Vaters", als „Licht vom Licht". Christus als das Licht der Welt im Gottesdienst zu preisen, war eines der Lieblingsmotive der frühen Kirche.

Das Motiv des Lichthymnus verbindet sich am Anfang der Osternachtsfeier mit dem Zeichen des Osterfeuers, um das sich die Gläubigen außerhalb der Kirche versammeln. Das Segensgebet des Priesters deutet es als das „Feuer der Sehnsucht" nach dem wahren Licht, das Jesus Christus heißt.

Die große Osterkerze ist ein Symbol für den Auferstandenen. Am Osterfeuer wird die Osterkerze durch eine Segnung für ihren erhabenen Dienst vorbereitet. Der erste und letzte Buchstabe des Alphabets, Alpha und Omega, ein Kreuz und die fünf Wundmale werden in die Kerze eingezeichnet. Alpha und Omega deuten Christus als Herrn aller Zeiten.
Dann wird die Kerze am Osterfeuer entzündet. Mit der brennenden Osterkerze zieht die Prozession in die dunkle Kirche. Zwei Worte genügen hier: „Lumen Christi" – „Christus, das Licht, ist da", so verkündet es dreimal der Diakon. Die Gemeinde antwortet: „Deo gratias" – „Dank sei Gott". Damit ist alles gesagt. Die Kerze wird an der Spitze der Prozession in die Kirche getragen, wie bei der Wüstenwanderung des Nachts die Feuersäule dem Volk Israel vorauszog. Die Flamme der Osterkerze erleuchtet den weiten Raum des Kirchenschiffes. Jedes Mal, wenn ich persönlich die Kerze in die dunkle Kirche trug, war ich überrascht, dass eine so kleine Lichtquelle den Raum erleuchtete. Dann entzünden die Gläubigen die Kerzen, die sie in den Händen haben, an der Osterkerze. Sie geben das Licht weiter. Alle erhalten Anteil am Licht, das nicht kleiner wird, wenn es sich tausendfach weitergibt und verschenkt.
Ich erinnere mich an die Erzählung: Eine Kerze für ein Königreich. Als ein König alt wurde, wusste er nicht, welchem von seinen beiden Söhnen er sein Reich anvertrauen sollte. Zur Probe gab er beiden fünf Silberstücke mit dem Auftrag: „Füllt bis zum Abend die Schlosshalle!" Der Ältere machte sich sofort auf den Weg. Mit vielen Arbeitern schaffte er Stroh vom Feld in die große Halle. „Ich habe die Aufgabe erfüllt", sagte er zu seinem Vater. „Mach mich zu deinem Nachfolger." „Noch ist es nicht Abend", antwortete dieser. Als die Dämmerung übers Land einbrach, kam der jüngere Sohn und ließ das leere Stroh wegschaffen. Dann stellte er eine Kerze in die Mitte der Schlosshalle und zündete sie an. Ihr Licht erfüllte den ganzen Raum bis in den letzten dunklen Winkel. Der Vater übergab dem Jüngeren sein Reich und sagte: „Du hast die Schlosshalle mit Licht erfüllt. Du hast sie mit dem erfüllt, was die Menschen am notwendigsten brauchen."

Gebet

Jesus, liebster Herr Jesus!
Ich bitt' , dass du mich annimmst zum Docht auf der Lampen,
zu der du das Öl gibst.
Geht mir nit darum, ob mein Leib verbrennt wie Gras,
aber um dein Bild in mir geht es.

Zünd dein Licht an,
und lass mich sein wie ein heilig Feuer
am Rand der finsteren Öde,
damit die im Dunkeln wissen, wo du zu finden bist.

Aus dir kommt, was gut in mir ist.
Aus mir das Schwache und Geringe.
Erbarm dich meiner, Herr!

Mathias Grünewald, 1515

37. Tag

Ein Gott, der uns befreit

Exsultet

Dies ist die Nacht, die unsere Väter, die Söhne Israels,
aus Ägypten befreit und auf trockenem Pfad
durch die Fluten des Roten Meeres geführt hat.
Dies ist die Nacht, in der die leuchtende Säule
das Dunkel der Sünde vertrieben hat.
Dies ist die Nacht, die auf der ganzen Erde alle,
die an Christus glauben, scheidet von den Lastern der Welt,
dem Elend der Sünde entreißt, ins Reich der Gnade
heimführt und einfügt in die heilige Kirche.
Dies ist die selige Nacht, in der Christus die Ketten des Todes
zerbrach und aus der Tiefe als Sieger emporstieg.
Wahrhaftig, umsonst wären wir geboren,
hätte uns nicht der Erlöser gerettet.

Wort in den Tag Ostern wird zum neuen Pascha. In der Nacht aller Nächte feiern wir „Pessach“. Es ist die Nacht des Vorüberganges. Der Racheengel verschont die Israeliten. Sie hatten die Türpfosten mit dem Blut des Lammes gekennzeichnet. Durch das Blut des Paschalammes wurden ihre Söhne verschont.

Es ist die Nacht des Exodus, des Auszugs aus der Knechtschaft der Ägypter. Gott hat das Schreien seines Volkes gehört. Er ist ein Gott der Befreiung. Mose führt sein Volk heraus aus dem Sklavenhaus. Er führt sein Volk durch die Wüste ins Gelobte Land. 40 Jahre dauert die Wanderschaft. Die 40 Tage der Fastenzeit erinnern an den langen Weg dieser Befreiungsgeschichte. Es ist die Nacht des Durchzugs durch das Rote Meer. Gott errettet die Israeliten am Roten Meer aus der Hand der Feinde. Durch das Meer hindurch geht das Volk unversehrt. Die Fluten aber begraben die Heeresmacht der Ägypter. An Ostern werden wir durch die enge Pforte des Todes hindurchgeführt, um Einzug zu halten in das Land des neuen Lebens, das Ziel aller Wanderschaft.

Dies ist die Nacht, in der wir uns erinnern, dass Jahwe selbst seinem Volk am Tag als Wolkensäule und in der Nacht als Feuersäule vorauszog. Wer dem Bund mit Gott treu bleibt, braucht sich nicht zu fürchten vor den Schrecken der Nacht. Die Mächte der Finsternis verlieren ihre Macht.
Dies ist die Nacht, in der Jesus Christus als neuer Mose uns vorausgeht. Er scheidet das Gute vom Bösen, das Licht von der Finsternis. Er entreißt uns den Lastern der Welt. Er bringt Licht in die Finsternis unseres Herzens und führt uns durch das enge Tor des Todes in die Liebesgemeinschaft mit ihm.
Heilsgeschichte ist eine Liebesgeschichte Gottes mit uns Menschen. Gott genügt sich nicht selbst fern über Wolken. Er hat ein leidenschaftliches Interesse an uns. Er schließt seinen Bund mit seinem Volk. Und in einer langen Befreiungsgeschichte soll Israel lernen, allein auf Gott zu vertrauen. „Ich bin der Herr, dein Gott, du sollst keine fremden Götter neben mir haben." Der Herrschaftswechsel von den Götzen zum einzigen Herrn und Gott ist auch heute angesagt. „Lasst euch nicht wieder in Knechtschaft legen!" Die 40 Tage der Fastenzeit hatten auch für uns diesen Sinn: Exodus – Auszug von den „Fleischtöpfen Ägyptens", um frei zu werden für den Weg, der aus der Dunkelheit ins Licht, aus dem Schatten in die Freiheit führt.

Gebet

Du bist in der Nacht geboren, um das Weltall aus dem Dunkel zu befreien. Geh uns voran als Feuersäule in der Nacht! Dann haben wir nichts zu befürchten, auch wenn wir wandern durch finstere Schluchten.
Du bist in der Nacht geboren, um sie zu verwandeln. Erleuchte unser Inneres in all unseren Nächten mit deiner Gegenwart! Dann gehen wir unversehrt durch das Rote Meer unserer Angst in das Land der Verheißung.
Du bist in der Nacht geboren, damit das Volk, das im Dunkel sitzt, den Morgenstern aufgehen sieht. Entzünde in uns das Feuer der göttlichen Liebe, das im Dornbusch brannte! Dann geht der Glanz deines Lichtes in uns ein und verwandelt unsere Trauer in strahlende Freude.

38. Tag

Wenn dein Pascha beginnt, lass die Mächte der Finsternis weichen

Segen über das Osterfeuer

Allmächtiger, ewiger Gott, du hast durch Christus allen,
die an dich glauben, das Licht deiner Herrlichkeit geschenkt.
Segne dieses neue Feuer, das die Nacht erhellt,
und entflamme in uns die Sehnsucht nach dir,
dem unvergänglichen Licht,
damit wir mit reinem Herzen zum ewigen Osterfest
gelangen.

Wort in den Tag Feste sind Lichtblicke in unserem Leben. Ohne Feste wäre der graue Alltag nicht auszuhalten. Die Glanzpunkte des Festes sind die Mahlzeiten. Alle großen Ereignisse im Leben werden mit einem Mahl begangen: Geburt, Hochzeit und das Begräbnis eines Menschen. So wird auch das größte Fest der Juden, das Pascha, mit einem Familienmahl gefeiert. Damals wie heute gedenken die Israeliten dabei der zentralen Heilstat Gottes, der Befreiung aus der Knechtschaft Ägyptens. Das hebräische Pascha oder Pessach bedeutet: „Er ging vorüber." Das Paschalamm erinnert an das Lamm, das geopfert wurde und dessen Blut an die Türpfosten gestrichen wurde, um vor dem vorübergehenden Racheengel errettet zu werden. Das Essen des Lammes, das Teilen ungesäuerten Brotes und das gemeinsame Trinken aus dem Segensbecher machen dieses Mahl zum wichtigsten Kult des alten Bundes.

Die Feier des Pascha setzt die Erlösungstat Gottes an seinem Volk gegenwärtig. Sie kündet zugleich die Vollendung der Heilszeit an. Das Abendmahl Jesu hat die Grundstruktur des Paschamahles. Als Jesus mit seinen Jüngern das letzte Paschamahl feierte, knüpfte er an die alten Zeichen der Exodusgeschichte an. Doch er gab ihnen einen neuen Sinn: Alles, was er war, sein Leben und sein Sterben, sein Leib und sein Blut wollte er für die Menschen geben. Die Evangelisten und der Apostel Paulus überliefern uns den Auftrag Jesu: „Tut dies zu meinem Ge-

dächtnis!“ Immer wenn die Jünger sich in seinem Namen versammeln, um Gott zu loben, miteinander das Brot zu brechen und aus dem Kelch zu trinken, will er ganz gegenwärtig bei ihnen sein.
Jesus feiert „am Abend vor seinem Tod“ mit seinen Jüngern das letzte Paschamahl. Er bricht das Brot, er reicht den Kelch, den Kelch des neuen und ewigen Bundes. „Das ist mein Blut, für euch und für alle vergossen zur Vergebung der Sünden.“ Christus ist jetzt das Paschalamm, das geschlachtet wird, um das Volk aus der Knechtschaft zu befreien. Seine Lebenshingabe am Kreuz ist die endgültige Befreiungstat.
„Mein Leben für euch hingegeben“ – „Mein Blut für euch vergossen.“ In der Mitte der Eucharistie hören wir in den Wandlungsworten: „pro vobis“ – für euch! Kann man ein solches Lebensopfer überhaupt annehmen? Je länger ich darüber nachdenke, um so mehr hoffe ich, dass einer für mich eintritt und im Notfall alles riskiert. Ich wünsche mir so etwas: Einer für den anderen! Wenn niemand mehr einen Finger für mich krümmt, wie kann ich dann leben? Das „im Notfall Füreinander-Einstehen“, das ist die Sehnsucht unserer Zeit, wo so viele allein über die Runden kommen müssen. Einer für den anderen – das kann ich nicht fordern, das bekomme ich geschenkt.
Das ist das Licht, das in unsere Dunkelheit fällt. Die Kälte und Finsternis unserer Herzen erwärmen sich an der Liebe und Hingabe des „Lammes Gottes“. Beim Paschamahl offenbart Christus seine Hingabe für diese Welt. „Es gibt keine größere Liebe, als wenn einer sein Leben für seine Freunde hingibt.“ (Joh 15,13)
„Wo die Liebe und die Güte, da ist Gott“, singt die Gemeinde. Unsere einzige Daseinsberechtigung ist die Liebe. Gott ist Liebe und auch der Mensch, nach seinem Bild geschaffen, ist in seinem tiefsten Wesen nur Liebe. Sie ist die strahlende Sonne, welche die Dunkelheit der Nacht vertreibt. Aber es gibt viele Sonnenfinsternisse. Hass und Missgunst schieben sich wie dunkle Wolken vor den Glanz der Sonne. Die Sünde „sondert ab“ und isoliert. Der Sünder sucht den dunklen Schatten, denn er kann das wahre Licht nicht ertragen. Christus hat in seiner Hingabe und Liebe alle aus dem Schatten befreit und sie ins Licht der Ostersonne zurückgeholt.

Gebet
Dein Licht vertreibe das Dunkel der Herzen.
Entflamme in uns die Sehnsucht nach dir,
dem unvergänglichen Licht.
Wenn dein Pascha beginnt,
lass die Mächte der Finsternis weichen.
Hole uns heraus aus den Kellern unserer Angst
und sprenge die Ketten der Knechtschaft und Sünde.
Du trägst uns heraus aus dem Tod
und schenkst uns dein Paschabrot,
das Himmel und Erde enthält.
Trage auch mich und die anderen in den Wüsten der Welt.
Und nimm für das Manna des Himmels
als Tauschgabe mein Herz.

39. Tag

Das Licht dieser Nacht reinigt von Schuld

Exsultet

O unfassbare Liebe des Vaters:
Um den Knecht zu erlösen, gabst du den Sohn dahin!
O wahrhaft heilbringende Sünde des Adam, du wurdest uns
zum Segen, da Christi Tod dich vernichtet hat.
O glückliche Schuld, welch großen Erlöser hast du gefunden!
O wahrhaft selige Nacht, dir allein war es vergönnt, die
Stunde zu kennen, in der Christus erstand von den Toten.
Dies ist die Nacht, von der geschrieben steht: „Die Nacht
wird hell wie der Tag, wie strahlendes Licht wird die Nacht
mich umgeben." Der Glanz dieser heiligen Nacht nimmt den
Frevel hinweg, reinigt von Schuld, gibt den Sündern die Unschuld, den Trauernden Freude. Weit vertreibt sie den Hass,
sie einigt die Herzen und beugt die Gewalten.
O wahrhaft selige Nacht, die Himmel und Erde versöhnt,
die Gott und Menschen verbindet!

Wort in den Tag In der göttlichen Logik der Erlösung, die wir im österlichen Licht erst begreifen lernen, wird sogar das Paradox verstehbar: „Glücklich" ist die Schuld zu nennen, die solch einen Erlöser gefunden hat. Denn Christus hat sich selbst für das Heil der Welt so verzehrt, wie die Kerze dahinschmilzt, um Licht und Wärme zu schenken. Das Dunkel darf man preisen, weil es zum Ursprung wird für den neuen, nicht mehr endenden Tag. „Felix culpa", glückliche Schuld, die uns den Erlöser gebracht hat. Eine atemberaubende Sprache, ein wagemutiger Gedanke: Kann man die Sünde preisen? Kann sie denn die Ursache sein, die uns den Erlöser gebracht hat? Sogar die Sünde Adams wird als „heilbringend" beschrieben, denn „sie wurde uns zum Segen".

Die Erlösungslehre des Apostels Paulus (vgl. Röm 8,32; Gal 4,4-7) erfährt hier eine „letzte Zuspitzung". Um das Paradoxe dieser Aussage verstehen und würdigen zu können, muss man sich klar vor Augen halten, was „redimere" (freikaufen, loskaufen, erlösen) in der Antike bedeutete: Es bezeichnete unter anderem ein wichtiges Rechtsgeschäft, nämlich den Freikauf eines Sklaven. Ein Sklave ist in der sozialen Hierarchie der Großfamilie gewissermaßen die unterste, ein Sohn die oberste Stufe. Wenn Gott also das Höchste, das er besitzt, hingibt, um das Niedrigste freizukaufen, dann tut er etwas nach menschlichen Maßstäben Unbegreifliches. „Um den Sklaven freizukaufen, hast du den Sohn hingegeben."

Adams Schuld wurde durch Christi Tod getilgt. Nun preist der Sänger „die wahrhaft heilbringende Sünde des Adam", die uns zum Segen wurde. Glückliche Schuld – welch ein Paradox! Ist es verwunderlich, dass im Mittelalter diese Verse aus dem Exsultet gestrichen wurden? Abt Hugo von Cluny (1049–1109) ordnete an, sie aus den liturgischen Klosterbüchern auszuradieren. Doch der große Theologe Thomas von Aquin vertrat die Ansicht, dass die menschliche Natur durch die Erlösung noch weiter erhöht wurde. Er begründete dies mit dem „Felix culpa" aus dem Exsultet und mit Röm 5,20: „Wo jedoch die Sünde mächtig wurde, da ist die Gnade übergroß geworden."

Die Schuld Adams ist der Inbegriff der Schuld und Sünde: mit der alles angefangen hat und in die alle Menschen verstrickt sind. In der Osternacht, der heiligsten aller Nächte, hören wir plötzlich ganz anders von der Schuld (Adams) reden, ja singen: „O wahrhaft heilbringende Sünde des Adam." Welcher Wechsel der Perspektive!

Hat das für unser Leben Bedeutung? Sind es nur schöne Worte? Oder mehr als Worte? Gott kann auch auf krummen Linien gerade schreiben. Gott in seiner Allmacht und Güte ist stärker und wirkmächtiger als alles Böse. Adam – der sündige Mensch – wird nicht exkommuniziert, sondern in die Heilsgeschichte integriert. Nicht Ausgrenzung, sondern Versöhnung durch den, der von Sünde und Tod befreit. Wir brauchen keine Sündenböcke mehr, um uns selbst loszusprechen. Wir bekennen uns als Sünder, weil unser Erlöser lebt. Ein Mitbruder, der bei der Feier des Bußsakramentes vielen Menschen begegnet, sagte mir: „Ich erfahre oft die Wahrheit des Wortes: Felix culpa." Die Schuld im Leben des Menschen ist oft die Einbruchstelle der Gnade. Jede Krise ist eine Chance zur Verwandlung und zu neuem Leben.

Das ist Befreiungstheologie: „Die Nacht wird hell wie der Tag, wie strahlendes Licht wird die Nacht mich umgeben. Der Glanz dieser heiligen Nacht nimmt den Frevel hinweg, reinigt von Schuld, gibt den Sündern die Unschuld, den Trauernden Freude."

Gebet

Gott,
die Mitte der Nacht -
soll ich sie loben,
weil sie der Anfang des Tages ist?

die Tiefe der Schuld -
soll ich sie glücklich preisen,
weil du in ihr Versöhnung schenkst?

die Mitte der Dunkelheit -
soll ich mich ihrer freuen,
weil du sie mit deinem Licht erhellst?

Gott,
ich erinnere mich an Situationen,
in denen mir Heil widerfuhr:
tiefschwarze Nacht,
belastende Schuld,
ausweglose Dunkelheit.

Gott,
ich sehe einen neuen Glanz.
Die Mitte der Nacht – erhellt durch dein Licht.
Verstrickungen der Schuld – erlöst durch deine Liebe.
Trostlose Dunkelheiten – erfüllt mit deiner Hoffnung.

Lass mich voll Freude
das Lied der Befreiung
singen.

Christiane Herholz

40. Tag

Aus der Tiefe steigt er als Sieger empor am strahlenden Ostermorgen

Exsultet

Frohlocket, ihr Chöre der Engel, frohlocket, ihr himmlischen Scharen, lasset die Posaune erschallen, preiset den Sieger, den erhabenen König! Lobsinge, du Erde, überstrahlt vom Glanz aus der Höhe! Licht des großen Königs umleuchtet dich. Siehe, geschwunden ist allerorten das Dunkel. Auch du freue dich, Mutter Kirche, umkleidet von Licht und herrlichem Glanze! Töne wider, heilige Halle, töne von des Volkes mächtigem Jubel ...

Dies ist die selige Nacht, in der Christus die Ketten des Todes zerbrach und aus der Tiefe als Sieger emporstieg. Wahrhaftig, umsonst wären wir geboren, hätte uns nicht der Erlöser gerettet.

Wort in den Tag Ist das nicht unglaublich: der Besiegte ist der Sieger? Das klingt so wie: der Verlierer ist der Gewinner, der Schwache ist der Starke. „Hinabgestiegen in das Reich des Todes." Bis in die letzten Tiefen der Nacht ist er hinabgestiegen und steigt nun als Sieger empor am strahlenden Morgen des Osterfestes.

Dies ist die Nacht, in der Christus hinabsteigt in die Unterwelt, wie es Ikonen darstellen. Er zerbricht die Pforten der Hölle. Sprengt die Ketten des Todes. Er nimmt einen der Befreiten an die Hand, wie die Bilder der Ostkirche es zeigen, und führt alle Seelen der Unterwelt ins Licht hinauf. Bis in die tiefsten Schattenreiche bringt er das Licht der Hoffnung. „Aus der Tiefe steigt er als Sieger empor."

Die Unterwelt, der Scheol, wie die Juden sagen, ist das Reich des Schattenhaften. Christus ist auch in unsere Lebensschatten hineingestiegen, in unser Unbewusstes, um all das zu erlösen, was in uns begraben liegt. Christus ist nicht nur Sieger über das Böse, das offen zu Tage tritt, sondern er hat sich auch eingelassen mit den Chaosmächten, die unter der Oberfläche verborgen sind. Wir schleppen viel Totes mit uns herum, all das, was im Grab liegt und ein Schattendasein führt. Am Karsamstag steigt Christus mit uns in den eigenen Schatten hinunter. Er wälzt den Stein von unseren Gräbern und erleuchtet die Finsternis in den hintersten Winkeln unseres Herzens. Er nimmt uns an die Hand und führt uns ins Licht hinaus. Wir erfahren das Wunder der Wandlung vom Tod ins neue Leben.

Darum singt das Exsultet von der „wahrhaft seligen Nacht", in der Christus als Morgenstern erschienen ist, als „jener wahre Morgenstern, der in Ewigkeit nicht untergeht". Alle menschlichen Grenzen lässt dieser Lobpreis hinter sich. Er reißt die Mauern des Todes nieder und sprengt die Gräber. Das ist Grund zum Jubel. Die Kerze, das Wachs, selbst die Bienen, die es bereitet haben, werden in überschwänglicher Freude gepriesen. Die schwache Flamme der Kerze „vermählt sich mit den Lichtern des Himmels". Gottes Erlösung ist wahrhaft Verwandlung der Welt. So wird das Osterlob zum Lob der ganzen Schöpfung. Nichts und niemand soll in dieser Nacht am Rande stehen, denn sie ist Vorahnung des ewigen Ostern, in dem die ganze Schöpfung ihr letztes Ziel erreicht: das Lob dessen, der dann für immer „alles in allem" sein wird.

Gebet

Wir bitten dich, o Herr: Geweiht zum Ruhm deines Namens, leuchte die Kerze fort, um in dieser Nacht das Dunkel zu vertreiben. Nimm sie an als lieblich duftendes Opfer, vermähle ihr Licht mit den Lichtern am Himmel. Sie leuchte, bis der Morgenstern erscheint, jener wahre Morgenstern, der in Ewigkeit nicht untergeht: dein Sohn, unser Herr Jesus Christus, der von den Toten erstand, der den Menschen erstrahlt im österlichen Licht: der mit dir lebt und herrscht in Ewigkeit. Amen.
(Schlussbitte des Exsultet)

Ostern – Das Fest aller Feste

Ostern – Das Fest aller Feste

Wenn du mich fragst, was Ostern mir bedeutet, möchte ich mit dir den österlichen Lichthymnus, das Exsultet, singen:

Frohlocket, ihr Chöre der Engel, frohlocket,
ihr himmlischen Scharen, lasset die Posaune erschallen,
preiset den Sieger, den erhabenen König!
Lobsinge, du Erde, überstrahlt vom Glanz aus der Höhe!
Licht des großen Königs umleuchtet dich. Siehe, geschwunden ist
allerorten das Dunkel. Auch du freue dich, Mutter Kirche,
umkleidet von Licht und herrlichem Glanze!
Töne wider, heilige Halle, töne von des Volkes mächtigem Jubel.

Darum bitte ich euch, geliebte Brüder, ihr Zeugen des Lichtes,
das diese Kerze verbreitet: Ruft mit mir zum allmächtigen Vater
um sein Erbarmen und seine Hilfe, dass er,
der mich ohne mein Verdienst, aus reiner Gnade, in die Schar
der Leviten berufen hat, mich erleuchte mit dem Glanz
seines Lichtes, damit ich würdig das Lob dieser Kerze verkünde.
Der Herr sei mit euch.
Und mit deinem Geiste. Erhebet die Herzen.
Wir haben sie beim Herrn.
Lasset uns danken dem Herrn, unserm Gott.
Das ist würdig und recht.

In Wahrheit ist es würdig und recht, den verborgenen Gott,
den allmächtigen Vater, mit aller Glut des Herzens zu rühmen
und seinen eingeborenen Sohn, unsern Herrn Jesus Christus,
mit jubelnder Stimme zu preisen. Er hat für uns beim ewigen Vater
Adams Schuld bezahlt und den Schuldbrief ausgelöscht
mit seinem Blut, das er aus Liebe vergossen hat.
Gekommen ist das heilige Osterfest, an dem das wahre Lamm
geschlachtet ward, dessen Blut die Türen der Gläubigen
heiligt und das Volk bewahrt vor Tod und Verderben.

Dies ist die Nacht, die unsere Väter, die Söhne Israels,
aus Ägypten befreit und auf trockenem Pfad durch die Fluten
des Roten Meeres geführt hat.
Dies ist die Nacht, in der die leuchtende Säule
das Dunkel der Sünde vertrieben hat.
Dies ist die Nacht, die auf der ganzen Erde alle,
die an Christus glauben, scheidet von den Lastern der Welt,
dem Elend der Sünde entreißt, ins Reich der Gnade heimführt
und einfügt in die heilige Kirche.
Dies ist die selige Nacht, in der Christus die Ketten des Todes
zerbrach und aus der Tiefe als Sieger emporstieg.
Wahrhaftig, umsonst wären wir geboren,
hätte uns nicht der Erlöser gerettet.

O unfassbare Liebe des Vaters: Um den Knecht zu erlösen,
gabst du den Sohn dahin!
O wahrhaft heilbringende Sünde des Adam,
du wurdest uns zum Segen, da Christi Tod dich vernichtet hat.
O glückliche Schuld, welch großen Erlöser hast du gefunden!
O wahrhaft selige Nacht, dir allein war es vergönnt, die Stunde
zu kennen, in der Christus erstand von den Toten.

Dies ist die Nacht, von der geschrieben steht:
„Die Nacht wird hell wie der Tag, wie strahlendes Licht
wird die Nacht mich umgeben." Der Glanz dieser heiligen Nacht
nimmt den Frevel hinweg, reinigt von Schuld, gibt den Sündern
die Unschuld, den Trauernden Freude. Weit vertreibt sie den Hass,
sie einigt die Herzen und beugt die Gewalten.

In dieser gesegneten Nacht, heiliger Vater, nimm an das Abendopfer
unseres Lobes, nimm diese Kerze entgegen als unsere festliche Gabe!
Aus dem köstlichen Wachs der Bienen bereitet, wird sie dir
dargebracht von deiner heiligen Kirche durch die Hand ihrer Diener.
So ist nun das Lob dieser kostbaren Kerze erklungen,
die entzündet wurde am lodernden Feuer zum Ruhme des Höchsten.
Wenn auch ihr Licht sich in die Runde verteilt hat,
so verlor es doch nichts von der Kraft seines Glanzes.
Denn die Flamme wird genährt vom schmelzenden Wachs,
das der Fleiß der Bienen für diese Kerze bereitet hat.

O wahrhaft selige Nacht, die Himmel und Erde versöhnt,
die Gott und Menschen verbindet!
Darum bitten wir dich, o Herr:
Geweiht zum Ruhm deines Namens,
leuchte die Kerze fort, um in dieser Nacht
das Dunkel zu vertreiben.
Nimm sie an als lieblich duftendes Opfer,
vermähle ihr Licht mit den Lichtern am Himmel.
Sie leuchte, bis der Morgenstern erscheint,
jener wahre Morgenstern, der in Ewigkeit nicht untergeht:
dein Sohn, unser Herr Jesus Christus,
der von den Toten erstand,
der den Menschen erstrahlt im österlichen Licht:
der mit dir lebt und herrscht in Ewigkeit.
Amen.

Bildnachweis

Michael Meier, S. 9, 63, 77
Fotoarchiv der Kapuziner, Münster, S. 19, 35, 91
Jakob Thür, S. 49

Quellenverzeichnis

1 Erich Fried, Das Nahe suchen, © Verlag Klaus Wagenbach, Berlin 1982.
2 Eva Zeller, Auf dem Wasser gehen, © Deutsche Verlagsanstalt, Stuttgart 1979.
3 Schule des Herzensgebetes. Die Weisheit des Starez Theophan, © Otto-Müller-Verlag, Salzburg 1985, 89.
4 Symeon, zitiert nach: Quellen geistlichen Lebens: die Zeit der Väter, hrsg. v. W. Geerlings, G. Greshake, © Matthias-Grünewald-Verlag, Mainz 1980, 248.
5 Kallistos Kataphygiotes, zitiert nach: Byzantinische Mystik. Ein Textbuch aus der ‚Philokalie', ausgew. u. übers. v. K. Dahme, Bd. 2: Die Lehre von der geistlichen Stille, © Otto-Müller-Verlag, Salzburg 1995, 131.
6 Kanon des Johannes Monachos, zitiert nach: Osterjubel der Ostkirche. Hymnen aus der fünfzigtägigen Osterfeier der byzantinischen Kirche, hrsg. v. J. Madey, Münster 1988, 68.
7 Hildegard von Bingen, Scivias. Wisse die Wege. Eine Schau von Gott und Mensch in Schöpfung und Zeit, übers. u. hrsg. v. W. Storch, © Peter-Lang-Verlag, Augsburg 1991, 309.
8 Erster Brief des Clemens an die Korinther, in: Die apostolischen Väter, Kempten/München 1918, 49f.
9 Hildegard von Bingen, Scivias. Wisse die Wege. Eine Schau von Gott und Mensch in Schöpfung und Zeit, übers. u. hrsg. v. W. Storch, Augsburg 1991, 311/317.
10 Mechthild von Magdeburg, Das fließende Licht der Gottheit, hrsg., übers., eingel., erl. v. M. Schmidt, Stuttgart 1995, 32. (Mystik in Geschichte und Gegenwart: Abt.1, Christliche Mystik; Bd. 11)
11 Hammarskjöld, D., Zeichen am Weg, © Droemer-Knaur, München/Zürich 1965, 56.
12 Johannes vom Kreuz, Die dunkle Nacht. Vollständige Neuübersetzung, hrsg. v. U. Dobhan u. a., © Herder Verlag, Freiburg, u. a. 1995, 121.
13 Die Blümlein des heiligen Franziskus von Assisi, hrsg. v. R. G. Binding, © Suhrkamp Verlag, Frankfurt a. M. 1973, 50.